Um Vislumbre da Realidade

N. Sri Ram

Um Vislumbre da Realidade

EDITORA
TEOSÓFICA

The Theosophical Publishing House
Adyar, Chennai, 600 200, Índia

Direitos Reservados à
EDITORA TEOSÓFICA
SIG Quadra 6, Lote 1235
70.610-460 – Brasília-DF – Brasil
Tel.: (61) 3322.7843
E-mail: editorateosofica@editorateosofica.com.br
Site: www.editorateosofica.com.br

R165   Sri Ram, N.
         Um Vislumbre da Realidade/ N. Sri Ram;
         Brasília: Editora Teosófica,
         2020, p 184.

             Título original: An approach to Reality
             ISBN 978-85-7922-210-8.

        1.   Teosofia
        II. Título

                                 CDU 141.332

Tradução: Edvaldo Batista de Souza
Revisão: Valéria Marques de Oliveira
Diagramação/capa: Ana Paula Cichelero
Impressão: Gráfika Papel e Cores (61) 3344-3101
             E-mail: papelecores@gmail.com

Sumário

Prefácio da Edição Brasileira.................7

Prefácio do Autor..................13

Aparência e Realidade...............15

Perfeição em Pensamento e Realidade..........21

Realidade, Subjetiva ou Objetiva?.............25

A Realidade em Nós Mesmos.................39

Realidade no Viver...................55

A Lei do Reto Relacionamento...............69

Teosofia, uma Síntese Abrangente.............83

Imaginação e Realidade...............93

A Forma Pura...................115

O Ser Supremo...................123

Ser e Vir a Ser...................137

A Natureza da Sabedoria.................143

A Outra Natureza do Novo.................153

A Senda para a Realidade Espiritual............163

Prefácio da Edição Brasileira

A busca de um significado para a vida, de uma Realidade por detrás das aparências, algo transcendente e verdadeiro por detrás desse mundo fenomênico, em constante mutação e permeado pela ilusão, faz parte da trajetória do ser humano nesse Planeta.

Filósofos e cientistas desde a antiguidade perceberam que o Universo material que pode ser apreendido pelos nossos sentidos opera sempre no campo da dualidade. Conhecemos a luz comparando-a com as trevas, qualificamos algo como bom em contraste com aquilo que consideramos mau, conceituamos algo como verdadeiro, comparando-o com a falsidade. Tudo que existe possui seu oposto: a alegria contrasta com a dor, o alto com o baixo, o material com o espiritual.

Por razões puramente filosóficas, se percebemos que a dualidade está presente em tudo que existe, se entendemos que nesse mundo tudo é relativo e mutável, deve haver necessariamente um Absoluto que transcende tudo que é transitório e mutável, que está além do mundo da relatividade e da diversidade. Em nossa lógica, a unidade é necessária para complementar a diversidade.

A questão que os buscadores de todos os tempos vêm se fazendo é: como ter acesso a esse Absoluto, a essa Realidade Una? Sabemos que nossos sentidos são limitados e que todas as impressões que temos através deles estão sujeitas ao engano e são relativas. Se tomarmos a visão, por exemplo, percebemos que pessoas diferentes possuem os aparelhos visuais distintos. A acuidade visual é variável, algumas pessoas são daltônicas (não conseguem distinguir a diferença entre certas cores), algumas são estrábicas e assim por diante. Os estímulos visuais capturados por pessoas diferentes podem ser bem distintos. Mas as diferenças nas percepções não param aí. A neurociência vem comprovando que as imagens mentais que são formadas a partir da experiência sensória são uma tessitura que envolve o conteúdo mental do sujeito que está experimentando os estímulos sensoriais. Na verdade, só vemos e sentimos aquilo que já conhecemos. Usamos a nossa memória para identificar os objetos e as pessoas, atribuindo-lhes forma, cor, cheiro e todo um conjunto de atributos à luz do que já experimentamos anteriormente. A própria noção de matéria sólida e inerte é algo imaginado para dar sentido àquilo que percebemos sensorialmente. A matéria é composta basicamente de espaços vazios e está em constante mutação.

A situação fica mais complexa quando verificamos que podemos criar imagens na nossa mente mesmo quando os olhos estão fechados. A conclusão que chegamos é que tudo que percebemos é subjetivo, no sentido que depende de interpretação e reconhecimento. O que existe "lá fora" são vibrações e movimento de toda ordem. O que chega até nós através dos olhos são ondas eletromagnéticas na faixa da luz visível. Essas ondas provocam reações fotoquímicas no aparelho ocular e impulsos nervosos são gerados e transmitidos ao cérebro pelos nervos óticos. De uma forma que desconhecemos, esses impulsos interagem com nosso conteúdo mental e são convertidos em uma sequência de imagens.

Imagens similares às produzidas pela experiência sensória são criadas durante os sonhos. Enquanto estamos sonhando, elas nos parecem tão reais como as imagens sensórias. Nas tradições antigas, especialmente na Índia, é ensinado que essa vida mundana permeada pela de busca de prazeres, pelo medo e pela visão autocentrada e por reações condicionadas é como um sonho. O buscador da verdade deve despertar desse sonho e se voltar para outras dimensões do ser, além do relativo e finito.

Chuang Tzu, que foi discípulo de Lao Tsé e viveu por volta do século IV AC, retrata muito bem a perplexidade diante da não confiabilidade de nossas percepções numa história. Um dia um homem dormiu e sonhou ser uma borboleta. Ao acordar ele ficou na dúvida se era um homem que havia sonhado ser uma borboleta ou uma borboleta que estava sonhando ser um homem...

Se todas as percepções são subjetivas e passíveis de erro, como podemos encontrar a Verdade, como podemos nos aproximar dessa Realidade que poderia dar significado às nossas vidas, revelando a direção que devemos tomar em nossa peregrinação nesse mundo?

Todos os seres humanos que já desenvolveram a sua sensibilidade até um certo grau sentem um chamado para o alto, uma vontade de transcender esse mundo de sofrimento e desilusões e retornar à Casa do Pai, conforme narrado na Parábola do Filho Pródigo.

Há uma invocação muito bonita extraída dos *Upanishads* que bem representa essa aspiração que brota do interior de todos os seres:

> "Do irreal, conduz-nos ao Real,
> Das trevas conduz-nos à luz,
> Da morte conduz-nos à imortalidade."

Lembro-me como se fosse hoje de uma palestra da Sra. Radha Burnier, ex-presidente da Sociedade Teosófica, que eu traduzi no Centro Raja na década de 80. Nessa palestra, ela falava justamente sobre essa questão de como distinguir o real do irreal, como não se deixar envolver e enganar pelo mundo dos sentidos, dos desejos e das alegrias fugazes. Radha dizia que há uma gradação no sentido de realidade. A busca de prazeres que são fruto apenas de nossos condicionamentos e imaginação não é capaz de nos aproximar do Real. Como então podemos identificar o que se aproxima do Real?

Em sua fala ela dizia que podemos identificar que aquilo que é mais real tem três características: é mais intenso, mais vívido e mais duradouro. Uma experiência mística que obtemos durante nossas meditações pode ter essa qualidade de intensidade e clareza. Ela nos nutre e tende a ficar impressa em nossa memória por um tempo mais prolongado. Podemos observar que as alegrias que são fruto da satisfação de desejos têm curta duração. Logo em seguida elas desvanecem, e a mente sai em busca de outros objetos, pessoas ou sensações. Já o sentimento de felicidade se diferencia das alegrias fugazes porque não depende de fatores externos. É um estado de espírito duradouro que acompanha aquele que está conectado à luz de *Buddhi*, que está aberto para suas intuições e se entrega a serviço de uma causa maior.

Lendo o presente livro, só agora me dei conta que a fonte de inspiração de Radha Burnier foi seu pai, Sri Ram. O que Radha mencionou na referida palestra estava em total sintonia com os ensinamentos transmitidos por Sri Ram, que explora, na presente obra, de forma instigante e bela, a natureza da Realidade Una.

Sri Ram afirma que a Realidade não reside em qualquer objeto do conhecimento, mas em uma sabedoria que se assemelha à luz que incide diretamente sobre todos os objetos de conhecimento, sem conhecedor, sem um eu separado dessa luz e separado dos objetos. O senso de unidade surge de uma consciência que não é afetada pelas sombras das paredes erigidas por nosso eu. Somente o sujeito que está livre de toda limitação é que consegue conhecer a verdadeira natureza de qualquer coisa. Como diz Sri Ram, para penetrar nesse reino do Real e respirar seu ar, muito embora apenas por um instante, a pessoa tem de se reduzir a um ponto adimensional, que é um nada. É um completo despojamento do eu e de todos os seus acúmulos.

Essa obra é um mergulho investigativo sobre esse fascinante tema. Que possamos ter um vislumbre sobre nossa verdadeira natureza.

Eduardo Weaver
Diretor da Editora Teosófica

Prefácio do Autor

Este livro é baseado em palestras feitas em diferentes lugares durante um período de vários anos, e cuidadosamente revisadas. Contém partes para elucidar pontos abordados nas palestras. Estão sendo impressas sob esta forma na esperança de que possam ser de alguma utilidade àqueles interessados em tais assuntos.

O tema da Realidade é um tema difícil, e o que quer que esteja nas páginas seguintes representa a abordagem do escritor e é essencialmente uma tentativa de sua parte para definir sua própria compreensão. O ponto de vista com relação a todas as questões do livro é a de um estudante de Teosofia; o que é a Teosofia, segundo o ponto de vista do escritor, é explicado em um dos capítulos.

Para aquele que busca a verdadeira compreensão sem esse dogmatismo que sempre nega a busca, existe um caráter final. Buscar implica descobrir, e, fundamentalmente, cada um deve chegar à Verdade por si próprio. Mas há um valor na troca de pontos de vista, e mesmo que todos os comentários dos leitores não cheguem ao escritor, trazer à tona esses comentários é em si mesmo parte do processo de troca.

A escrita deste prefácio deve-se a um excelente propósito – agradecer aos amigos e colegas de trabalho por sua valiosa ajuda em editar e corrigir as provas deste livro, assim como os outros pequenos livros que por acaso tragam o meu nome. Ficaria feliz se não trouxessem nome algum, mas na vida como está organizada nos dias de hoje isto não é possível. Se o que está dito representa a Verdade, até certo ponto, ela não pode ser propriedade ou invenção de ninguém. A Verdade não tem donos.

N. Sri Ram
Adyar,
1º de março de 1968

Aparência e Realidade

Este é um tema bastante desgastado, que tem sido discutido tanto na Índia antiga quanto por filósofos ocidentais. Mas nossos pensamentos sobre tais questões nestes dias têm uma base que é diferente daquela dos tempos antigos. O molde distintivo da mente moderna, apesar de suas excentricidades, é científico e não metafísico, tendendo a se basear em observações com os sentidos, auxiliadas como são atualmente por vários instrumentos sofisticados, e pela análise à qual estamos agora em condição de submeter estas observações. Não estamos vivendo em um mundo tradicional construído sobre certas suposições metafísicas, por mais úteis que possam ser essas suposições como postuladas para um sistema coerente e satisfatório, ou verdadeira como axiomas autoevidentes para alguns. Vivemos em uma era de empirismo, embora o campo do conhecimento empírico se tenha tornado tão ampliado e minuciosamente definido em seus particulares que os intelectos mais avançados da época são capazes de construir sobre ele uma estrutura de inferências que juntamente com esses particulares constitui um corpo de conhecimento, bem tecido e coerente, semelhante a um sistema dedutivo baseado nos primeiros princípios.

Nada pode ser mais dedutivo e mais integrado no campo científico do que a matemática; contudo, segundo *Sir* James Jeans, o famoso astrônomo britânico e expoente popular do pensamento científico, as últimas revelações da ciência levam à conclusão de que "o Universo [do cientista] pode ser mais bem retratado, embora ainda de modo muito imperfeito e inadequado, como consistindo de puro pensamento, o pensamento de quem, por falta de uma palavra mais abrangente, devemos descrever como um pensador matemático". Esse pensamento puro pode abranger não apenas a estrutura do Universo em seu aspecto material, mas também aqueles aspectos que podem ser considerados como seus correlativos ou contrapartes pertinentes à vida e aos desenvolvimentos humanos. Uma vez que todo conhecimento tende a se tornar integrado, podemos futuramente não ser capazes de isolar um ponto de vista, tal como o filosófico ou mesmo o artístico ou religioso, do conteúdo científico para permitir que cada um desenvolva suas teses sem ser influenciado por outros, embora cada ponto de vista distinto será de interesse para seus próprios seguidores.

Pode-se perguntar: precisamos mesmo discutir esta questão de aparência e Realidade no mundo moderno do dia a dia? Isto é respondido no momento em que compreendemos como a aparência influencia totalmente nossa vida comum. Por exemplo, com relação ao movimento da Terra em torno de seu próprio eixo e em torno do sol, comparativamente só em tempos recentes, pelo menos no Ocidente, é que a descoberta foi feita e aceita, que os fatos são exatamente o contrário da aparência. Ninguém pode razoavelmente dizer que a compreensão deste fato não tenha sido útil ao nosso modo de pensar, colocando nos trilhos vários particulares, além de seu valor prático nas realizações concretas posteriores.

Não vemos as estrelas no céu como aparecem durante o dia. Contudo as estrelas estão lá, e se tivéssemos uma visão, tal qual um telescópio extraordinário, que pudesse ser projetada espaço adentro, nós as veríamos como sóis resplandecentes em uma gradação de magnitude, orbe sobre orbe, roda dentro de roda gigantesca.

Outro exemplo, que ainda diz respeito à matéria, mas no qual as percepções de nossa consciência normal estão mais intricadamente envolvidas, é a da aparente solidez de tantos objetos à nossa volta, tais como nossas mesas, casas, árvores e metais. As pesquisas da ciência, tanto nas partículas minúsculas das quais todas as coisas são compostas quanto nas infinitas regiões das estrelas, estabeleceram agora o fato de que é o vazio da matéria, como o conhecemos, que é o fato mais notável a respeito do Universo. *Sir* James Jeans explica assim o vazio:

> Escolha um ponto no espaço ao acaso, e as probabilidades de ele não estar ocupado por uma estrela são enormes. . . Escolha aleatoriamente um ponto dentro do sistema, e ainda há imensas probabilidades que ele não esteja ocupado por um planeta ou mesmo um cometa, meteorito ou corpo menor. Mesmo no interior do átomo, escolhamos um ponto ao acaso, e as probabilidades de nada haver aí são imensas. . . À medida que passamos em revista toda a estrutura do Universo, das nebulosas gigantescas e dos vastos espaços interestelares e internebulares até a minúscula estrutura do átomo, nada menos do que espaço vazio passa perante nosso olhar mental. Vivemos em um Universo tão tênue; padrão, plano e desígnio estão aí em abundância, mas é rara a substância sólida.

A substancialidade de todos os objetos vistos ou sentidos pelo toque é puramente uma impressão em nossa consciência. Assim, somos levados a contemplar o fato de que o mundo familiar de nossos sentidos é apenas uma interpretação de tudo o que há pelos nossos sentidos e pela mente a eles associados, ou talvez mais verdadeiramente, da qual eles são facetas e saídas fragmentadas. Quem pode dizer o que essas coisas são em si mesmas, ou como elas nos impressionarão em possível estágio ulterior da evolução?

A ciência fez muitas descobertas dramáticas no último meio século ou coisa assim, o que nos prova que existe um véu – podemos acrescentar possivelmente muitos véus – criados pelas limitações de nossa capacidade e percepções. O que pode ser mais contraditório sobre o mundo da matéria, como nos é apresentado pelos nossos sentidos, do que as energias e os sistemas de energias nos quais ele é convertido pela ciência?

Se o mundo da matéria tiver de ser assim reduzido e decomposto, o que dizer da natureza de nossa consciência? A Ciência moderna começou por considerar a matéria como a única realidade e a mente como seu produto, mas desde então se afastou dessa posição. Agora ela atingiu um ponto em sua análise onde a matéria é apenas uma cortina que parece ocultar algo da natureza da mente ou do pensamento. A matéria e a mente estão mais misturadas em nossa visão atual do que estavam antes, em um desenvolvimento contínuo, mas com a mente como parceira cada vez mais dominante.

Obviamente que o processo de evolução está incompleto, e temos de admitir o fato de que a mente como está desenvolvida em nós até aqui não é capaz de seguir além do véu de sombras que são os fenômenos de nossos estudos. Este fato foi apreciado nas antigas escolas de Filosofia na Índia. E elas afirmavam que existe uma ordem superior de percepção latente em nós que florescerá no devido tempo, florescimento esse que pode ser acelerado mesmo agora por métodos apropriados.

O Senhor Buda descreveu a Realidade alcançada por ele como *Nirvāna*, literalmente expelir ou extinguir o eu pessoal, que é visto então como uma aparência ou ilusão, por mais real que nosso eu ou ego possa ser para nós, como um sonho é real para o sonhador. Vendo o quanto a mente de cada um de nós está condicionada por suas experiências passadas, é óbvio que ela deva ser liberta de seus contínuos impulsos, a involução subconsciente que foi engendrada, antes de ela poder descobrir e expressar sua própria natureza verdadeira. Nas antigas escolas da Índia, era bem sabido que existe uma realização possível através do cuidadoso treinamento de nossas faculdades, mentais e espirituais, o termo "espiritual" implicando uma ordem de percepção mais sutil e mais penetrante do que a mente, com a adaptação do corpo e do cérebro a esse propósito. As seis *Darshanas* diziam respeito em seu aspecto prático ao ponto de vista e métodos de tal realização.

Podemos apenas especular quanto à natureza de qualquer Realidade além de nossa esfera de conhecimento, e sua relação com as aparências produzidas dentro dessa esfera. Os intelectos mais elevados na Índia atacaram estas questões com uma ousadia que jamais foi superada. Segundo as concepções metafísicas da Índia – que, como podemos ver atualmente, de maneira bastante estranha, têm o poder de soldar nossas visões fragmentárias e desarticuladas, obtidas não de um alto comando, mas dos níveis muito inferiores das impressões superficiais – a Realidade é indescritível, mas é uma, completa e imutável, e todas as mudanças no reino da diversidade (incluindo tanto consciência quanto forma) são apenas um padrão de energias girando em torno dela. Podemos obter, do nosso lugar na imagem, apenas uma visão parcial do todo. Ainda assim, é uma visão que é suficiente para nos indicar seu contorno e prováveis direções do progresso futuro.

Para o homem religioso, Deus é a única Realidade, cuja concepção é evocada por essa palavra sendo determinada pela maneira de seu próprio desenvolvimento e da forma que dá mais satisfação às suas vontades mentais e particularmente às suas vontades emocionais. Ele busca um Deus em quem espera encontrar repouso e felicidade duradouros como um refúgio do mundo de desordem, injustiça e sofrimento, que lhe perturba. Serão estas coisas, também, apenas fenômenos, em relação aos quais existe subjacente um plano corporificando os atributos de justiça, ordem e amor pelos quais buscamos instintivamente, tal como um feio andaime poderia esconder um edifício perfeitamente belo? Mas então devemos reconhecer o andaime como real enquanto dure, muito embora possa não ser permanente.

Por mais que a atitude da Religião possa parecer pender na direção de um Ser Absoluto ou transcendente, com quem o indivíduo que está preso em uma ordem relativa pode ter algum tipo de relação, ela está baseada fundamentalmente na necessidade de preencher o vazio da existência individual. Não é a atitude de uma fria investigação intelectual quanto à distinção entre Realidade e aparência. Por causa da operação da vontade ou necessidade pessoal, como muitos consideram, vem à existência a tendência à superstição, de se recorrer ao impasse de uma satisfação temporária. Todavia, pode ser que as emoções mais puras associadas à Religião, ao companheirismo humano e à arte sejam tão relevantes a qualquer apreciação possível da Realidade – qualquer que ela possa ser – como uma pura percepção matemática. Um conjunto de ondas sonoras pode constituir a música mais gloriosa, ou ser considerado como meras vibrações e relacionamentos no ar. Qual dos dois é a Realidade e qual a aparência? Se pensarmos no fato de que existe na Natureza uma infinidade de vibrações para as quais não temos órgãos dos sentidos adaptados, podemos imaginar o quanto a Realidade deve ser maior do que somos capazes de extrair de nossa compreensão atual.

Perfeição em Pensamento e Realidade

É uma verdade estranha, mas com uma importância profunda, que toda categoria em que podemos pensar implica um complemento que é da natureza de um oposto.

Estamos bem familiarizados com alegria e dor, conhecimento e ignorância, dia e noite, vida e morte, e inúmeros outros pares que fazem parte de nossa experiência comum. Temos também o par fundamental, vida e forma, que generalizamos e transformamos em Espírito e Matéria como as duas Realidades últimas da existência. O imediato, por estágios de proximidade e distância, sombreia uma vista afunilando ao máximo. Não conseguimos postular intelectualmente qualquer condição ou princípio sem implicar uma condição ou princípio oposto – oposto não no sentido de conflito, mas de uma antinomia – que é necessária para a perfeição.

A natureza da mente é de tal ordem que ela pensa com base na diferenciação. Não conhecemos nada mentalmente exceto o contexto do que não é. Toda forma que percebemos deve ter um contorno, e esse contorno deve tanto excluir quanto incluir. Se houvesse apenas uma cor no Universo não haveria absolutamente a percepção de cor. Conhecemos ou sentimos uma cor somente por sua diferença de outras cores.

Estando acostumados a categorias, contemplamos no pano de fundo de nossas mentes, no nosso processo mental, certas categorias que não vemos no primeiro plano dos fenômenos observados. Vemos no primeiro plano, isto é, em frente a nós, uma fachada tão extensa quanto às observações de nossos sentidos e às inferências delas derivadas, uma diversidade interminável. Para a nossa mente a percepção de uma diversidade evoca ou implica uma unidade. A unidade é necessária na lógica do pensamento para equilibrar e completar o conceito de diversidade, e quanto mais profundamente examinamos a natureza da existência e buscamos uma base filosófica para a nossa compreensão dela, mais compreendemos a necessidade de um tal princípio de unidade no Universo, isto é, se esse for capaz de ser resumido e não seja apenas um Universo de contrassenso.

Quando chegamos à compreensão de que a relatividade tem a marca de nossa existência, que toda manifestação, como todo pensamento, encontra-se na criação de relações, automaticamente trazemos à existência a polaridade de um Absoluto. Aqui, mais uma vez, por uma ação mental iluminamos um par primordial de complementares, ou seja, o Absoluto e o relativo, o relativo sendo o manifestado, o Absoluto sendo o imanifestado. De modo semelhante, a ação, que é conhecer ou estar perceptivo, implica a dualidade de um objeto de conhecimento e do sujeito ou conhecedor. Todo fato objetivo implica uma condição subjetiva de conhecimento.

Será então que postulamos estes conceitos de uma Unidade, um Absoluto, uma Realidade subjetiva, que são da natureza do Além, meramente como uma definição de implicações, e para atingir um senso de perfeição com uma mente que só consegue formular em termos de dualidades? Ou será que nós, ou melhor, a mente, em tal formulação, a partir de seu ângulo, reflete apenas uma realidade no Universo, uma realidade que de outra maneira pode ser apreendida por uma consciência que, diferentemente da mente, conhece através de uma condição na qual não há a separação da dualidade?

Aqueles que foram capazes de falar com a autoridade da experiência verdadeira ou autêntica estão do lado desta última suposição, que nos leva a presumir que buscamos perfeição, buscamos filosofia, porque existe uma perfeição e uma filosofia na natureza própria das coisas, de cuja totalidade somos partes.

O indivíduo interpreta o Universo segundo suas concepções, mas suas concepções, que são em graus variados, são inspiradas por uma relação viva com esse Universo, sendo ele mesmo parte integrante desse Universo, o microcosmo em comparação com o macrocosmo, uma relação que faz com que ele, por gradações, reflita a natureza do Universo em si próprio e a perceba pelo conhecimento de si mesmo. Assim, também, ele projeta Deus com sua mente, que é uma parte dele mesmo; mas a ideia de Deus em abstrato, separada da forma da divindade com a qual a mente deve estar investida, lá está perpetuamente, pairando indistintamente, de forma vaga – obscuridade e incerteza que tem sido esculpida em cada forma concebível por fantasia, esculpida segundo sua própria natureza e qualidade – porque essa ideia é o ponto focal de uma Realidade. O ser humano busca o Além, porque existe um Além que exerce sobre ele uma pressão insistente, e quando ele chega ao ponto de uma sensibilidade suficientemente refinada, esse exerce uma atração sobre ele que influencia o seu modo de pensar.

Uma hipótese não está necessariamente em discordância com a Realidade; nem mesmo se, como a Teoria da Relatividade de Einstein, envolva concepções que estão mais para um símbolo do que uma experiência. A suposição de uma Realidade como uma necessidade lógica para nossas mentes pode muito bem ser considerada como um ato de pura fantasia.

Realidade, Subjetiva ou Objetiva?

Sujeito e objeto são obviamente as duas extremidades de um relacionamento na consciência, que se identifica como o sujeito, porém está perceptivo do objeto e o exterioriza. O sujeito, estritamente considerado, é o puro conhecedor, mas quando através do apego identifica-se com as impressões ou experiências que reúne, não mais é o sujeito em sua pureza; é mais o eu que deriva sua entidade do passado, da memória de suas experiências e ações. A mente que reúne e usa o material do conhecimento, a maior parte conhecimento formal, nem sempre livre de suas próprias ideações – sempre foi considerada na Filosofia Indiana como um instrumento ou aspecto do conhecedor, e não o próprio conhecedor. Todo tipo de resposta a qualquer objeto externo é parte do relacionamento pessoal com esse objeto. Já que a vida inclui todas as respostas, e todas elas penetram em uma corrente única e se tornam parte do processo de viver, uma delas não pode ser isolada das outras. Assim compreendia-se que, na realidade, o processo de conhecer não pode estar divorciado de todos os outros processos envolvidos no viver e no modo de viver.

Na verdade, a mente é uma intérprete e não a conhecedora. Quando interpreta e apresenta coisas, em sua ignorância, ela é capaz tanto de evitar o conhecimento da verdadeira natureza e valores das coisas como, quando está iluminada, de exibir e expressar esses valores. Apesar desta realização, mesmo na Índia, a corrente de pensamento filosófico tem frequentemente ramificado e se deparado com as areias estéreis de inconstantes construções e reconstruções mentais.

A ciência ocidental tem reconhecidamente assumido como de sua alçada apenas o objetivo e o material, limitando mesmo esta descrição a fenômenos físicos tais como os que o sujeito consciente é capaz de contatar em seu nível inferior. A questão de saber se a Realidade é subjetiva ou objetiva não pode ser considerada sem dados suficientes quanto às involuções ou camadas do sujeito, as possíveis profundezas nelas existentes, e também as extensões do objeto conforme relacionado ao sujeito nesses níveis.

O materialista – usando esse termo no sentido literal – tende a pensar aquilo que não seja um fato da experiência comum, e qualquer alegação de conhecê-lo, deve necessariamente ser uma irrealidade, uma fantasia ou alucinação individual. Uma vez que o mundo objetivo dos sentidos é o mundo como aparece a cada consciência individual, ele a considera como a realidade única e demonstrada. Assim, qualquer experiência individual, tais como as experiências dos místicos em todas as idades, que transcenda essa realidade objetiva ou a ofusque, deve ser uma ilusão devido a alguma desordem do cérebro ou do corpo. Contudo, deve-se notar que o conhecimento de cada coisa material é um ato de interpretação puramente subjetiva, embora os mesmos fenômenos analisados pelo físico – isto é, em vibrações de comprimentos de onda e frequências particulares – sejam traduzidos no mesmo, ou aparentemente no mesmo tipo de experiência no campo da consciência.

O senso do que é real é subjetivo para cada indivíduo, visto que é sua própria consciência que tem de cunhar a experiência como sendo real para ele. Quando um objeto não está presente diante dele, muito embora possa continuar a ter existência objetiva, parece menos uma realidade; ele é incapaz de plenamente experimentar sua natureza simplesmente recordando-a. A recordação é como uma pálida sombra comparada à luz da presença tangível.

Pode-se dizer, então, que a realidade é psicológica, não certamente no sentido no qual frequentemente usamos essa palavra, ou seja, imaginada. É um atributo da consciência experimentado em um estado particular, que é seu estado essencial e próprio. O senso de realidade surge a partir da perfeição desse estado como também a profundeza, o dinamismo e a intimidade que obtém em seu engajamento com o que quer que ocupe ou preencha esse estado. Existe nele uma harmonia não importada, porém inerente, estando quaisquer elementos, nele presentes, perfeitamente integrados, formando um todo. A mais elevada Realidade deve estar nessa qualidade de integração e harmonia, que só pode surgir na natureza total da ação que ocorre. O que quer que seja real para alguém não depende de argumento, convence por sua simples presença, e tem uma dimensão e profundeza que são mundos separados de qualquer impressão superficial.

A questão total da Realidade tem sido tratada como a resolução de até que ponto a experiência é atribuível a uma causa estimulante que possui uma existência objetiva independente, fora da experiência. Pode haver uma experiência interna válida não provocada por tal causa? Quando apresentamos a questão da justificação por uma causa externa, existe a suposição de que todos os indivíduos devem responder da mesma maneira ou de maneira semelhante ao estímulo ou objeto que pode ser considerado como a causa, e não se faz qualquer concessão às diferenças individuais em sensibilidade ou na capacidade para responder, muito menos a peculiaridades pessoais. Todos estão limitados ao mesmo espectro de experiência, enquanto na verdade toda a tendência na expansão da consciência seja trazer para ela e cada vez mais as sombras intermediárias, como também as cores que jazem abaixo e acima do leque comum. O tipo de resposta que constitui a experiência pessoal interna dependerá da natureza das percepções pessoais e da natureza que responde; o que é percebido em certa gama de sensibilidade não é percebido em outra. A resposta pode ser imperfeita ou perfeita, condicionada por certos fatores ou não condicionada.

Uma frase de Beethoven ou de qualquer outro compositor de sua categoria, na música oriental ou ocidental, atingirão um imaginário musicalmente sensível com um senso de beleza exaltada, mas para outros soarão meramente como uma sequência de notas. Será que a experiência de tal beleza pertence ao reino da Realidade ou será meramente incidental? Toda a sensação e apreensão da música, ou o prazer que nela se sente, são uma experiência subjetiva envolvendo a apreciação de proporção e ordem, que podem ter cor ou alguma outra sensação variável como meio. As proporções, tom e ordem das notas criam o ânimo e os outros efeitos psicológicos da música. A experiência consiste em certo tipo de resposta, mais um sentimento do que qualquer outra coisa, um movimento do espírito, isto é, uma mudança no sujeito que experimenta, comparando as relações nas notas, na ordem e proporção presentes nas frases musicais. Supondo que exista apenas uma pessoa em todo o mundo a qualquer tempo que tenha a capacidade para experimentar essa beleza, seria essa experiência, portanto, invalidada pelo fato de que nesta matéria ela está em uma minoria de um?

Embora a Realidade ou o senso de realidade sejam comunicados pelo sujeito, deve haver uma conexão entre a experiência subjetiva e as relações ou mudanças objetivas. Não pode ser naquele aspecto da consciência que meramente conhece as vibrações como uma máquina adequadamente projetada poderia fazê-lo. Este elo deve participar da natureza do sujeito, e ainda ser capaz de refletir as mudanças no objeto. Pode, através de tal elo, haver a possibilidade de respostas a vibrações além da escala de nossos sentidos atuais, e essas respostas podem ter uma natureza não experimentada por nós. Teoricamente pode haver uma mudança no sujeito ou no conhecedor, correspondendo a cada mudança no objeto, a tudo que possa ser um objeto de conhecimento. A resposta que está limitada aos sentidos é a interpretação de uma vibração que é objetiva em uma sensação, seja ela cor, som, ou qualquer outra, mas pode haver outros tipos de respostas além das sensações. Nós experimentamos sentimentos que não são sensações e esses sentimentos diferem em profundidade, qualidade e grau.

Qual é o segredo desta interpretação e onde ela reside? Podemos rastreá-la até um centro cerebral particular, mas o centro, se sondado objetivamente não revelará o segredo. Existe nesse centro, ou no que quer que esteja além dele (o campo de forças do qual é o centro), um órgão de consciência, um instrumento interno que interpreta esse movimento em certo tipo de sensação e em nenhum outro. Deve haver uma infinidade de sensações possíveis, dependendo em parte das vibrações, e em parte da natureza do órgão interno.

É um pensamento fascinante, que não pode ser dispensado como mera fantasia, que um tipo diferente de órgão possa interpretar em uma linguagem diferente, isto é, em diferentes sensações que poderíamos pensar não existirem no atual esquema de coisas. Pode-se imaginar um jogo de fragrâncias, comparável a uma melodia ou harmonia. Afirma-se que em um plano superior a consciência vê, ouve, toca e sente ao mesmo tempo. Podemos ver filosoficamente a possibilidade de uma síntese das diferenciações que surgem a partir da unidade básica de consciência. Assim, pode haver uma impressão integrada de uma ordem de harmonia desconhecida de nós que seria, no nível físico, uma multiplicidade de sensações, contendo som, cor, etc., possivelmente incluindo também sensações ou tipos de respostas não experimentadas no nível físico.

A questão básica se a Realidade é subjetiva ou objetiva é vista de modo invertido quando é discutida na suposição de que o objetivo é a única realidade, e as formas de nuvens subjetivas, mas fugazes, no cérebro.

A maioria das pessoas no mundo consideraria o toque de uma substância material sólida como mais real do que um pensamento, emoção ou sentimento, porque essa substância é permanente e o toque pode ser repetido, enquanto as outras experiências são transitórias; a substância oferece certa resistência que as impressiona com sua realidade. Mas mesmo então a experiência que salta do contato com a substância é um fenômeno subjetivo; é uma modificação da consciência. Não é inconcebível que possa haver um fenômeno puramente subjetivo surgindo de uma iniciativa interior que tenha a mesma qualidade convincente que o objeto material.

A Realidade com a qual as diversas e intermináveis experiências possíveis podem ser investidas pelo sujeito que as vivencia, podem variar em grau, alguns deles eclipsando ou suplantando os outros. Obviamente o grau depende da nitidez ou da intensidade da experiência e até que ponto ela penetra e afeta toda a natureza e o ser pessoal. Uma vez que a palavra "real" implica um sentimento ou julgamento subjetivo, pode haver um julgamento quanto ao que é real subjugando uma sensação ou sentimento que poderia ter parecido real na época. Podemos decidir entre uma experiência e outra: "Isto é mais real", seja porque tenha sido mais vívida e intensa ou porque a memória dela tenha sido mais duradoura, e estendeu-se por um período de tempo mais longo. O julgamento é baseado em comparação, e a memória é um fator modificador nas comparações. De qualquer maneira, nossa consciência é o juiz, e ela muda sua disposição e foco. Quando consideramos uma visão comparativa podemos muito bem dizer que cada experiência é real em seu lugar e dentro de seus limites. Se assim for, então existem graus de realidade, embora esses graus possam variar teoricamente do limite do infinito ao limite do zero ou do nada.

Considerando que possa haver graus de realidade na experiência, o que pode ser real no grau mais elevado para cada consciência ou ser individual? Existe o ensinamento de grandes Instrutores quanto à existência na Natureza de um Princípio ou Energia onipresente, que é criativo no mais elevado grau e transmite a todas as coisas, em seu aspecto interno de vida e consciência, uma forma particular de harmonia que se torna seu dote e qualidade especiais, influenciando em algum grau sua forma e aspecto externo. Sendo assim, a experiência da natureza desse Princípio ou Energia seria uma experiência incomparável. Isto só seria possível se houvesse a necessária sensibilidade em nós – em nossa consciência ou alma – para ser afetada em algum grau por esse Princípio. Uma vez que este último dota cada coisa de sua qualidade interna, a qualidade de sua vida residente e latente, ou a consciência parcialmente desperta, cada um de nós obtém também a qualidade de sua individualidade real a partir do mesmo Princípio.

A experiência desse Princípio puramente espiritual não pode ser uma abstração; deve ter uma qualidade de Vida ou Existência, se tiver de comunicar sua natureza a seres individuais. Pode vir a qualquer um somente naquele ponto atingido pelo seu desenvolvimento subjetivo. Pode tocá-lo em sua natureza interna somente com certos aspectos de si aos quais e por acaso ele esteja individualmente receptivo. A experiência pode ser apenas parcial e passageira, o mais fraco dos toques; todavia ele saberia que é extraordinário, que é único. Qualquer que seja a natureza deste toque ou experiência trará consigo sua própria autenticidade, e embora o mundo inteiro possa refutar e rejeitar sua realidade, será a Realidade para o indivíduo em si. Tal experiência seria totalmente subjetiva no sentido em que ele não consegue compartilhá-la com mais ninguém, mas como não pode haver separação fundamental entre os aspectos subjetivo e objetivo da Realidade, a natureza interna e a forma externa de uma coisa, ela terá também os atributos essenciais de objetividade, ou seja, certeza, clareza e incontestabilidade.

Na realidade o subjetivo não é o imaginário, uma criação de fantasias arbitrárias ou gratificantes, mas a contraparte do objetivo. Vida e Consciência são a contraparte da matéria em um Universo vivo, em evolução, significativo. Em outras palavras, Espírito e Matéria – termos que usamos livremente – são apenas dois aspectos da existência, de cada coisa particular no Universo manifestado. Eles constituem duas forças diferentes em nossas naturezas, uma causa de tensão e conflito dentro de nós em nossa ignorância, e também entre nós mesmos e os outros. Pois em nossa constituição externa, como também em nossas mentes e sentimentos formados como resultado da interação mecânica entre nós mesmos e nosso ambiente, somos todos diferentes e separados. A unidade jaz remotamente no interior. Mas a unidade torna-se uma realidade quando nos afastamos da identificação com as coisas externas e de nossos apegos a sensações e memórias geradas pelo contato com elas. A Realidade não reside em qualquer objeto do conhecimento, mas em uma natureza de conhecimento que se assemelha à luz que cai diretamente sobre todos os objetos de conhecimento, sem conhecedor ou eu separado dessa luz, separado desses objetos. O senso de unidade surge de uma natureza de consciência que não é afetada pelas sombras das paredes erigidas por nós mesmos. As paredes são erigidas por uma ideia ilusória de posse que surge dos apegos formados mecanicamente em um estado de desconhecimento, que é a não presença da Inteligência ou seu não despertar. A Realidade está na natureza da unidade que se obtém em meio a todas as diversidades.

Em cada forma de vida, que esteja suficientemente desabrochada, existe uma natureza de consciência, que pode experimentar a unidade e também estar perceptiva das diferenças. Essas diferenças existem no mundo externo a ela, mas também na veste ou organização com a qual esteja vestida essa entidade de consciência ou o ser individual. É no terreno de sua natureza, que é o mesmo para todos os seres individuais, que se manifestam as diferenças de seu desenvolvimento intelectual, psíquico e espiritual. Esses desenvolvimentos variam de pessoa para pessoa e sua natureza não é necessariamente a do sujeito puro ou de conhecedor puro, cuja natureza penetra nos desenvolvimentos, mas é modificada pelas experiências das coisas externas ou, mais corretamente, pelas reações a essas experiências que ocorrem em um estado de desconhecimento de sua parte. Quando está perfeitamente perceptivo, esse sujeito é a própria Inteligência. É somente na condição de seu desconhecimento ou não despertar que esse aspecto de sua natureza, que entra em contato com as coisas externas, se oferece à influência ou ação dessas coisas, e assim reage de maneira como não reagiria se o sujeito estivesse desperto, isto é, se sua inteligência e percepção inatas estivessem em pleno funcionamento.

É esta natureza modificada que é a natureza do eu em cada um de nós, como a conhecemos. Somente à medida que esse eu se liberta de sua identificação com sua veste ou vestes e da experiência obtida através delas, é que ele brilha com a inteligência e capacidade daquele sujeito puro, cuja natureza é a natureza do saber. Esta natureza está presente em todos os seres, seja ativa ou latente, e abarca muitos níveis, em cada nível manifestando uma camada ou profundeza em si mesma da qual surge sua relação com todos os objetos de cognição nesse nível.

A ciência do Eu, como tem sido chamada na Índia, é uma ciência subjetiva, preocupada com o Eu, tal qual um sujeito experimentador aprisionado como uma entidade imperecível e evoluindo em sua estrutura perecível. Seu conhecimento e respostas variam do nível físico onde se encontra sob fortes limitações, ao do sujeito puro e sempre livre, e a cada nó desta extensão está diferentemente relacionado aos objetos que se apresentam, os vê sob uma luz diferente; eles o atingem com uma importância diferente. Somente o sujeito que está livre de toda limitação é que consegue conhecer a verdadeira natureza de qualquer coisa em existência, ou conhecer qualquer coisa totalmente sem um espectro limitado. Somente ele consegue responder livre e plenamente a tudo o que encontra, a todos os aspectos que constituam a totalidade da coisa. Até que possamos responder com toda a escala nosso ser[1] a tudo que esse ser pode abarcar, para nós a

---

[1] No original em inglês: *being*, traduzido nesta edição por: "ser". (N.E.).

realidade deve ser apenas um termo com certas associações derivadas de nossas experiências limitadas. As profundezas que existem nele, desconhecidas e insuspeitadas, devem estar fora de nosso conhecimento.

A inteligência no seu ponto mais elevado, onde se transforma em gênio, não pode estar confinada ao conhecimento de fatos separados, mas deve incluir toda a ordem de fatos e relações, dos quais cada fato deriva sua verdadeira importância. Deve estar perceptiva não apenas das notas, mas também da música que é criada a partir delas. Existem, digamos, um milhão de diferentes notas na Natureza. Qualquer que seja a música que possa ser criada a partir delas, expressando as respostas do único sujeito verdadeiro, e não do eu modificado, seria a mais gloriosa Realidade. A natureza de qualquer coisa que se apresente a partir do exterior assume a marca de realidade somente até o ponto em que engaja o sujeito e extrai dele sua capacidade oculta.

A plenitude da Realidade reside nesse sujeito puro ou no Eu uno, cuja natureza é do saber, mas de modo algum em sentido limitado, porque inclui apreensão e respostas diferentes do conhecimento intelectual. Sendo em si mesmo sem forma, tem de assumir uma forma apropriada para entrar em relação com qualquer objeto do conhecimento. Qualquer forma que seja usada, se não for totalmente flexível e translúcida, deve necessariamente ser limitante. É somente uma natureza, isto é, uma mente e um coração completamente livres de quaisquer tipos de condicionamentos, que poderá servir como instrumento ou vestimenta perfeita.

Resumindo nossa compreensão sobre em que a Realidade deve assentar-se – não o que a Realidade é – a Realidade deve assentar-se em uma experiência que convença não por qualquer comparação ou processo de pensamento relativo, mas por sua incondicionalidade. Essa experiência não pode ser uma fantasia, mas um conhecimento da verdade das coisas, incluindo a própria pessoa e os outros. A distinção recém mencionada não existe na verdade interna, já que o eu pessoal mais recôndito e o dos outros é um e o mesmo. O verdadeiro conhecimento não é meramente da forma externa, mas também de suas extensões internas e da vida residente.

Cada forma distinta tem sua própria qualidade específica de ser, que ela está designada a expressar. Se o conhecimento de uma coisa deve ser perfeito e completo, deve incluir, ou melhor, consistir primariamente do conhecimento desta qualidade da natureza da entidade psíquica que essa coisa internamente é seu Ser sutil interior. O verdadeiro conhecimento não é meramente intelectual, mas deve ter também em si a qualidade da compreensão que pertence à psique, a qualidade de sentimento ou apreciação. Em tal conhecimento, pensamento e sentimento estão impessoalmente mesclados. Uma vez que a natureza interna das coisas é a da vida que perpassa toda a sua forma, o conhecimento dessa natureza interna quando atingido deve levar também ao conhecimento dessa forma do ponto de vista da vida interior, bem como ao conhecimento de outras expressões dessa vida tanto quanto possível. Se o ser mais íntimo de qualquer coisa, de sua alma, é uma seção da alma ou Ser universal, o conhecimento desse último, no qual está a unidade, deve trazer consigo o conhecimento da multiplicidade que se desenvolveu a partir da unidade. A palavra "Ser" é apropriada para transmitir a ideia de existência, vida e consciência, e a palavra "Alma" como se referindo a uma qualidade de consciência, uma natureza diferente da natureza da mente ou do corpo.

Na evolução existem inúmeras formas de síntese, cada uma delas uma expressão limitada da unidade que subjaz à multiplicidade. A síntese é uma unidade que surge a partir da união de partes, e a unidade investe as partes com um significado previamente nelas ausente. Assim, no processo de evolução, que é um desabrochar do ponto de vista da Vida, uma série de significados ocultos vem à luz – velada, ainda que existindo desde o início. Nada aparece em evolução de tal significado ou importância, mas já estava lá desde o início. Assim, toda poesia, beleza, maravilha, o significado sucessivo e cada vez mais desenvolvido em qualquer processo ou esquema de evolução é "fornecido" nos elementos desse esquema – seus *tattva* e *tanmātra* (qualidade ou essência e ritmos vibratórios) – e na unidade que atua através desses elementos. Existe um processo de ramificação ou diferenciação e um processo de síntese ou unificação. Existe unidade no início como uma semente, e unidade no fim como a unidade de uma flor desabrochada.

A Natureza na qual a Realidade está sempre presente, a natureza do sujeito eterno, manifesta-se por gradações, mas a cada gradação surge sob uma nova forma de perfeição e harmonia. No nível externo, essas formas têm de ser desenvolvidas muito gradualmente. Harmonia é ordem, mas não de uma natureza mecânica. É ordem com uma importância superior. Tem de ser estabelecida no mundo das formas como um todo e nas formas individuais. A Arquitetura tem sido descrita como uma síntese de belas formas. Toda a Natureza, toda a vida em seu aspecto formal, tem de se tornar essa síntese. Então a vontade que está acima, que está na Natureza que transcende todas as formas, será realizada embaixo, isto é, no mundo de formas, relações e movimentos objetivos. Existe na Natureza uma estrutura de ordem estabelecida pelas leis da Natureza. Mas a Natureza como um todo não é toda ordem, pois existem muito caos e conflito dentro dessa estrutura; também não há, mesmo onde existe ordem de certo tipo, a harmonia que ainda espera expressão. Mas toda a tendência da vida e dos processos de evolução é criar ordem onde ela não exista. Aquilo que é instável acomoda-se eventualmente. A nebulosa torna-se um sistema, os planetas movem-se em órbitas definidas. Mas a harmonia é baseada em leis mais sutis do que as que operam mecanicamente no campo da matéria, e naquele aspecto da vida que está limitado por matéria e forças materiais.

A ordem na totalidade, para que seja perfeita, deve incluir ordem em cada sessão dela, que deve ser perfeita e completa em si mesma. Essa ordem tem de ser uma forma de harmonia em um universo de vida e consciência no qual predominem seus valores ultérrimos. Quando este objetivo é alcançado, a Realidade que está no sujeito será perfeitamente refletida no mundo dos objetos. Pode haver profundezas de incondicionalidade no sujeito, das quais nada sabemos atualmente. Podemos chamar essas profundezas de Espírito, Deus ou *Nirvāna*. Se Deus é a Realidade, tocamos a Realidade quando nós, isto é, a consciência humana, toca a natureza divina em nós mesmos. Podemos viajar nessa natureza infinitamente sem encontrar a outra margem. Ela é o oceano sem praias do pensamento e da sabedoria que jamais pode ser sondado. É o imensurável do qual cada medida variável tem de ser uma medida justa e perfeita; e existe uma medida de Seu Ser em cada unidade simples de criação.

A Realidade em Nós Mesmos

H.P. Blavatsky escreveu na frase final de seu livro *Ísis Sem Véu* que "a reta percepção das coisas objetivas é que provará que o único mundo de realidade é o 'subjetivo'". A verdade desta afirmação se tornará evidente se a palavra "realidade" conota a existência na natureza de um sujeito, separado de todos os objetos, sendo assim um ponto sem dimensão, mas também o centro de inúmeros círculos, cada qual uma expansão, expressando um aspecto dessa natureza. A realidade só pode ser subjetiva, mas a verdade como expressão da natureza do sujeito pode ter muitos aspectos, como também forma e significado. Nessa verdade a realidade não precisa ser uma imprecisão amorfa, uma bruma de luz ofuscante, por mais tremendo que seja o impacto e enaltecido o êxtase dos quais possa estar repleta. Deve ser concebida como pertencendo ao reino de uma natureza extraordinária, surgindo desse ponto o objeto puro como de uma raiz espiritual desconhecida, tendo uma qualidade, uma fragrância, não conhecida na Terra, o mundo das coisas inventadas. A palavra "reino", aqui usada, tem de ser despida de toda conotação material e entendida como apenas ordem, expansão, significado em toda parte, isto é, em cada aspecto do que surge dessa raiz desconhecida; como implicando um universo espiritual no qual todas as partes estão relacionadas entre si em termos de harmonia, e cada parte é um todo em si mesmo, uma flor que veio à existência dessa mesma raiz. Portanto, para penetrar nesse reino e respirar seu ar, muito embora apenas por um instante, a pessoa tem de se reduzir àquele ponto adimensional, que é um nada, um completo despojamento do eu, de todos os seus acúmulos, daquela identidade que é criada pelo contato com coisas materiais, o mundo da sensação.

Diziam aqueles que conseguiram penetrar esse reino que é quase impossível expressar sua natureza em qualquer idioma do Plano Físico. Podem ser inúmeros reinos em vez de um reino, cada qual uma expansão distinta, um aspecto da natureza daquela raiz desconhecida. Deve ser impossível expressar em nosso idioma uma experiência para a qual nossa língua não tem palavras. Todas as palavras que usamos são palavras que identificam nossas experiências passadas. Se tivermos experimentado algo, pelo menos uma vez, para nos referirmos a essa experiência novamente, talvez seja necessário cunhar uma palavra apropriada. O mesmo se dá com todas as palavras de nosso dicionário; elas se referem a experiências identificáveis por todos. A linguagem é um meio de comunicação para tais experiências. Uma palavra é usada em um idioma particular para se referir a algo que outras pessoas também serão capazes de reconhecer. Se todas as outras pessoas não tiverem tido essa experiência, pelo menos algumas delas devem ter tido. Outrossim, se é algo não identificável, então as palavras são totalmente inúteis para a comunicação dessa experiência.

A Realidade, segundo aqueles que dela têm algum conhecimento, é um Desconhecido, o que não significa que seja um X hipotético, sempre a retroceder, sempre ilusório, que postulamos e possamos perseguir, mas que jamais conseguimos tocar. Em sua fonte, a Realidade pode ser dessa natureza; dizem que se pode penetrar na chama, porém, jamais tocá-la, ou seja, pode-se ir cada vez mais além ao interior dessa Realidade, a consciência divina, mas jamais poderá ser tocada no sentido de chegar a seu coração.

O universo espiritual deve ser tão infinito quanto, se não até mesmo mais infinito (se tal frase é permitida) do que o universo material. Pode-se dizer que representa o infinito Ser Divino; usando essa palavra em um sentido que psicologicamente se ajustará aos fatos. O universo material pode então ser descrito como representando o aspecto físico desse Ser. Entre o centro e a circunferência deve haver profundezas e extensões correspondentes às gradações de consciência que aparecem na evolução e que o homem pode identificar em si mesmo. Não conseguimos imaginar um processo infinito de vir a ser. Pelo menos ele deve atender a um fim ou limite que seria uma unificação do Ser essencial com sua forma revelada no vir a ser, do sujeito eterno com sua verdade manifestada. Ou, colocando a mesma ideia em fraseologia familiar, Matéria e Espírito, em vez de serem separados e opostos, devem mesclar-se como um, já que estão talvez eternamente em um estado básico.

Esta consumação ocorre, podemos supor, ao final de um *manvantara* ou período cósmico. H.P. Blavatsky fornece-nos certas cifras de fontes ocultas e orientais para representar o número de anos nos vastos períodos chamados *yugas* em sânscrito. Mas não estamos em condição de entender a importância ou saber como se chegou a esses números. Qualquer período assim não pode ser um lapso de tempo inexpressivo, o sono de um Rip van Winkle[2]. Deve significar um processo definido

---

[2] Rip van Winkle é o nome de um conto sobre uma personagem homônima, escrito por Washington Irving e publicado em 1819. O termo "Rip van Winkle" acabou se tornando sinônimo de uma pessoa que vive uma situação de mudança social, seja ela intencional ou não, mas que "congela no tempo". O personagem de Washington Irving acabou se tornando um marco daquilo que estagnou, que dormiu e acordou em dois períodos distintos, mas ainda permanece o mesmo.

de mudança, por mais lento que nos possa parecer com nosso atual senso de tempo, por mais rápido que possa comparativamente ser em certos estágios desse processo. Deve consistir de uma série de acontecimentos sucessivos que podem, em certos pontos, ter o caráter de uma transformação verdadeira. Como, com nossa atual inteligência, não conseguimos cingir os processos que jazem à nossa frente, embora possamos presumir que devam seguir estritamente as leis de causação, quer falemos de um bilhão ou um trilhão é tudo a mesma coisa com relação ao grau de iluminação resultante para nós. O tempo, como medida de mudança e experiência, é obviamente uma quantidade excessivamente variável.

Nós conseguimos pensar somente até certo limite, como o horizonte que podemos perceber quando contemplamos do alto de uma montanha, e esse limite para o processo de vir a ser é onde o tipo em evolução funde-se com o arquétipo. Ou seja, os tipos de coisas evoluem de qualquer grande distância para seus arquétipos que lá estiveram o tempo todo em meio aos processos de seus núcleos dinâmicos, despercebidos porque ainda não objetivados.

Aparentemente é isso que Platão quis dizer quando falou do mundo das Ideias, muitas vezes traduzido como Formas, porque toda ideia que é distinta de outra deve ser representada por uma forma em nossas mentes. Se todas as formas forem afastadas, restará apenas consciência ou vida no abstrato como uma unidade. Mesmo no plano mais elevado, o nível da primeira manifestação, deve haver uma forma de algum tipo, pois forma é inseparável de manifestação. Do nosso ponto de vista, o fim da perspectiva evolutiva é quando tudo é trazido ou reduzido àquele ponto final no qual se torna carregado com a importância e significado que lá estiveram o tempo todo, mas então o significado é patente em vez de latente.

Do ponto de vista de uma mente limitada, a Realidade deve ser imensurável. Não pode estar sujeita às suas medidas limitadas, já que é o eternamente transcendente. Mas em um sentido diferente e mais prático, realidade é sempre aquilo que é real para nós. É imanente em nossa experiência das coisas. A palavra "realidade" transmite uma ideia relativa, implicando a irrealidade de certas coisas que experimentamos ou em que acreditamos. Se alguém fala de uma Realidade que é totalmente uma abstração, incapaz de sequer ser compreendida por nós, então essa Realidade está completamente fora de relação conosco. Sendo incompreensível, não podemos fazer uso prático dela, exceto como uma imitação de moeda para brincar. Se a essa moeda for conferido o valor único, então todas as outras experiências serão despojadas de seus verdadeiros valores.

A mente ignorante acredita que não pode haver realidade que ela não compartilhe, e pede provas do que uma determinada pessoa pode ter experimentado como realidade. Esse é um processo essencialmente confuso, porque uma prova é algo objetivo, comprobatório, enquanto o que é experimentado é essencialmente uma modificação na natureza do sujeito. Tudo no mundo é julgado e avaliado por nós em termos do que percebemos como real, por mais limitada que seja essa percepção. A realidade não pode ser outra coisa senão o que é real para nós. Pedir prova de uma realização que ainda não ocorreu ao interrogador é pedir algo que jamais pode ser dado.

Uma experiência particular pode ser uma ilusão de um ponto de vista mais livre, menos fechado. Mesmo então, durante algum tempo, é real para a pessoa que a experimentou. Uma dor de cabeça é uma dor de cabeça, apesar de tudo que possa ser dito pelos que acreditam em auto-hipnotismo e na negação sincera do que quer que a pessoa considere como prejudicial. Podemos estar sonhando com o mal, mas esse sonho é real para nós enquanto dura. Sabe-se de pessoas que sofrem fisicamente em um pesadelo, o que mostra que a consciência do sonho não está separada do ser total, incluindo sua vida física e fisiológica. Os sonhos têm relação com a consciência do estado de vigília, embora até aqui tenhamos sido capazes de entender pouco desse relacionamento.

Qualquer coisa com a qual a consciência esteja em contato parece real durante algum tempo; qualquer coisa com a qual não esteja em contato parece irreal. Portanto, a realidade está na natureza da própria consciência, e em qualquer contexto específico até o ponto em que essa natureza entra em ação.

Na Índia tem-se mantido e enfatizado repetidamente o ponto de vista de que tudo que experimentamos no plano objetivo ou na vida na Terra é irreal. É material e ilusório o Universo em que vivemos. Embora possa ser assim do ponto de vista da Realidade que é absoluta, estamos envolvidos em relacionamentos e experiências dos quais não conseguimos escapar; descartá-los como irreais sem descobrir o que os torna reais ou irreais não nos ajuda a despertar do sonho no qual vivemos, pelo menos parcialmente. Ignorá-los, tentar maneiras de escapar é enterrar a própria cabeça na areia, cortejando o irreal em nome do real. Também não podemos saltar de onde estamos para um final concebido por nós mesmos. Só a partir do ponto onde estamos, conseguimos examinar e extrair sabedoria com proveito das experiências que chegam até nós. Podemos, certamente, falar de um final, tal como podemos falar de geometria espacial e do tempo. Podemos ter uma representação mental daquilo que é necessário para completar o círculo de nossa experiência, para relacionar essas experiências a um fim último. Se há uma conexão entre o futuro e o presente, temos de relacionar o presente ao que está imediatamente à frente. Aquilo que está à frente pode ser fundamentalmente diferente somente até o ponto em que o nosso relacionamento com o que está presente mude fundamentalmente.

Qual é a natureza dessa consciência, o estado de mente e coração, no qual existe a experiência da Realidade? Esta é uma pergunta importante para nós. Se tivermos algum conhecimento ou sentimento de uma meta mesmo com base no que experimentamos agora, teremos um objetivo ou um eixo em torno do qual nossas atividades possam girar. Mesmo que pareça distante, a meta pode ser percebida como através de um telescópio com uma lente que seja clara e cientificamente moldada. A lente nesse caso é uma mente ou natureza que seja clara e verdadeira. A meta não estando distante de nós, mas dentro de nós mesmos; o que fazemos então é sentir em nós mesmos a direção da Verdade, aquela verdade da qual mesmo uma fraca percepção age como ímã que atrai, ou como um aroma que cria uma trilha invisível a partir do labirinto de nossa experiência.

A consciência de que podemos falar como o Real é aquela que definitivamente rompeu suas atuais limitações, os grilhões como são realisticamente chamados no Oriente. A senda espiritual, no Oriente, é dividida em estágios, em cada um dos quais certos grilhões são descartados, e o objetivo dessa senda é descrito como Libertação. É óbvio que a Libertação não é meramente um fim, mas também um processo. O fim não chega de repente, sem um processo definido de mudança pessoal, embora uma qualidade de inesperada subtaneidade esteja também a ele associada. Quando as nuvens rompem-se, a luz a atravessa aparentemente de forma repentina. A consciência liberta que funciona fora das limitações da mente tem essa qualidade luminosa, e tem sido chamada de consciência de *Buddhi*.

A visão da meta pode surgir em um momento: não surge rápida e subitamente como um feixe de luz quando há uma brecha temporária nas nuvens. Mas então as nuvens fecham-se novamente. Para ter uma inteligência que seja segura em sua serenidade e clareza, a pessoa precisa pôr fim de uma vez por todas às causas que a obnubilam. A remoção dessas causas não é trabalho de um único momento, mas um processo de discernimento exercido sobre toda a gama de experiência necessária. As pétalas têm de crescer silenciosamente entre as sépalas que as envolvem, mesmo se o florescimento for um fenômeno de uma beleza momentânea.

A consciência que consegue penetrar na região da Realidade é uma consciência que está livre do ímpeto, do acúmulo, e da influência incessante de seu passado. Isto é *Karma*, cujo resultado ocorreu no passado, que é tanto psicológico quanto físico.

O *Karma* é o que criamos por nós mesmos através de forças operando de dentro de nós e forças precipitadas do exterior. Quer essa criação esteja na esfera de nossa própria psique, ou naquela esfera externa mais ampla da qual existem relações com outras entidades, tudo é do passado. Devemos livrar-nos desse passado que tanto nos vela quanto nos impede. Quando a consciência é capaz de ver e entender a natureza dos elos nos quais se envolveu é que será capaz de se libertar desses elos, cujas limitações se impôs sobre si mesma na senda de uma aproximação precipitada. Ela então se torna desiludida, em um sentido belo dessa palavra.

A consciência simples – isto é, a consciência na inocência de sua infância – é atraída para um movimento muito sutil, e esse movimento é um impulso primeiramente de um apego leve e depois um apego crescente e cada vez mais forte pelo desejo de sensações de todo tipo. Os primeiros movimentos gradualmente ganham ímpeto até que se tornam um redemoinho regular; a mente, presa nesse redemoinho, incapaz de ver com clareza, gira e gira durante um longo tempo em uma espiral viciosa. Nossos apegos têm uma maneira de crescer como de aprofundar, porque uma coisa gradualmente nos prende a outras por associação. Eventualmente, através do exercício do discernimento que a pessoa ou essa consciência inevitavelmente desenvolve, a totalidade desse redemoinho ou sorvedouro é endireitada. Usamos nossa livre inteligência para, através das ilusões que aceitamos, vermos as várias formas de condicionamento que sofremos. A libertação, no sentido de uma liberdade externa das circunstâncias que limitam e compelem, logo seguirão a obtenção da liberdade interior.

A terra do Espírito é a terra da Verdade onde tudo é visto em sua natureza própria e verdadeira, e nada é visto sob uma luz falsa ou enganadora que produza as sombras que podem ser confundidas com a substância. Para explorar esse reino, ou mesmo penetrá-lo, a consciência deve ter-se desprendido de suas ilusões e ser capaz de guiar a si mesma de um modo que não diminuirá sua liberdade inerente. Deve-se ter definitivamente deixado a prisão, fruto de sua própria criação, a casca de ovo enclausurante de sua ignorância. É uma casca, porque efetivamente corta toda possibilidade de sentir as vibrações mais refinadas, todas as frases mais delicadas na linguagem da Natureza, a poesia que está sempre presente mesmo neste mundo fenomenal. A poesia da vida não é uma fantasia, mas uma verdade. Temos de romper esta casca de dentro para fora. Dela emergirá uma consciência ou percepção que é suficientemente livre e refinada para abranger as expressões puras da Verdade que são proferidas por nós, neste mundo externo, em sílabas de Beleza.

Em vez de poesia, pode-se chamá-la de música, e nessa música perceber uma arquitetura perfeita. É um padrão que subjaz a tudo que está ocorrendo. A Arquitetura foi chamada de música congelada. A Arquitetura é objetiva. A música é uma criação cujos valores são puramente subjetivos. Em perfeita beleza, sujeito e objeto estão unificados. O significado que está na forma é proferido através da forma. O significado é uma manifestação do sujeito presente nesse objeto de forma. Quando o objeto, expressão ou movimento é um objeto de perfeita beleza, a limitação que é da essência da forma deixa de limitar; de fato, essa essência particular parece expandir seu significado residente. Quando uma forma é perfeitamente bela, ela transmite a luz que está em seu interior, que permaneceria oculta não fosse essa forma.

Embora haja esta casca de nossa criação, composta de nossas falsas ideias, fantasias, os vários círculos viciosos nos quais giramos, toda esta estrutura pode ser quebrada, ou dissolvida, de uma vez por todas. Existe a possibilidade de dissolver essa estrutura, que parece tão fechada e até mesmo rígida, porque existe um raio de cima que penetra, por assim dizer, de outra dimensão. É um raio do centro espiritual dentro de nós mesmos, um raio que é também um fogo consumidor e está sempre presente, a não ser que a personalidade – o indivíduo de mente material – se tenha afastado completamente de sua fonte, a Divina Luz. Diz-se que em casos muito raros isso pode acontecer. Enquanto houver esse fio entre a personalidade que vê as coisas como através de um vidro escurecido, e a Mônada ou o Eu Superior, o sujeito puro, existirá uma possibilidade, na luz que ele traz, de discernir entre o real e o falso, e produzir aquela liberdade, desilusão, ou a dissipação de *māyā* que cada um de nós criou por si próprio.

Dito de outra maneira, *Manas* (que é a inteligência que lida com os particulares e pensa) em vez de estar sob a perniciosa influência de *kāma* ou desejo, tem de se retirar desse apego e se unir a *Buddhi*. *Buddhi* é a faculdade que está desperta para a Verdade. Pode ser traduzida como consciência da Verdade, quase incrível como tal possibilidade possa parecer. Existe uma consciência, ou uma potencialidade dela, naquele que consegue infalivelmente refletir a Verdade. Ela é incapaz de dar origem a qualquer outra coisa senão a Verdade, porque nela não há inclinação para dar forma ao que é, exceto sua Verdade. Essa consciência é livre, mas em sua liberdade não se desvia do contorno ou curso da Verdade. De fato é sua total liberdade de toda imposição oriunda do exterior que lhe torna possível expressar a Verdade que está dentro de si. Podemos ver como isso pode ser ao abordarmos a matéria de outra direção.

Imaginemos uma pessoa cuja consciência total esteja tão carregada com o sentido de beleza – que sempre surge oriunda do interior – que não consiga ter pensamento, modificação de consciência, que não seja belo. A consciência está tão plena de um instinto de beleza que não consegue mover-se sem esse movimento ser governado por esse instinto. Podemos pensar nisso como teoricamente possível ao se criar música. Deve-se, porém, entender que a beleza não é necessariamente o que as pessoas consideram como belo. Geralmente pensamos no que é agradável ou genial ou intrigante como belo. Quando algo nos dá prazer, físico, emocional ou mental, dizemos muitas vezes como esse algo é agradável. O fato de que somos gratificados não é uma pedra de toque para a beleza. O que nos agrada pode desagradar a outrem.

Beleza é Verdade, e Verdade é Beleza na natureza fundamental das coisas. É a natureza da Palavra criativa que no final das contas determina a forma de cada coisa que existe. A forma – ou melhor, um prognóstico dessa forma em sua perfeição – existe na consciência ou pensamento expressa através dessa palavra. As sílabas que são proferidas são todas as coisas que vêm à existência, mas o indivíduo tem em si a capacidade de se tornar um canal para a Voz que profere a Palavra, porque ele tem a natureza da consciência que pode adaptar-se a ela, como a voz de um cantor consumado adapta-se a cada nota ou nuance a ser transmitida. A consciência em si mesma é nada mais do que a capacidade; ela torna-se una com a Voz que fala, e é a Voz da Verdade. Toda sua expressão é música ou beleza. Quando o indivíduo se torna nada em si mesmo, o que é um estado de abnegação, total humildade, ele torna-se apenas um meio para o objetivo divino, sem vontade pessoal. Contudo, embora ele seja nada mais que um canal, o canal está tão unido à Palavra que é a Palavra em si, o Criador. A consciência pode estar tão saturada com a essência da Verdade que nela nada pode aparecer que não seja um reflexo da Verdade, ou seja, das coisas como elas são; nela não pode haver ação que não seja o florescimento da Verdade dentro de si.

A palavra "*Buddhi*" é geralmente traduzida como intuição espiritual. Mas "intuição" transmite apenas parte do significado dessa palavra sânscrita. Não é conjectura, palpite ou criação ilusória; é uma faculdade que fala unicamente a linguagem da Verdade. Todas as tendências à falsidade devem ser eliminadas da natureza do indivíduo em quem ou através de quem ela fala. Em sua luz pura, muito do que fazemos e experimentamos no estado de vigília é em realidade sonho, porque acreditamos na autodecepção, entregamo-nos à imaginação, buscamos deslumbramento, e colocamos nossa fé na aparência, na convenção – em todas as coisas que não são melhores do que máscaras, distorções, e pretensões, todas contradições da Verdade.

O indivíduo espiritual é aquele que seccionou totalmente a teia autotecida; toda a ilusão e pretensão sofrida e aceita em um estado de ignorância é arrancada do olho que percebe. Ele é aquele que uniu sonho e vigília com uma natureza que compreende o valor de ambos, no qual não existe nem a incoerência do sonho nem a superficialidade do assim chamado estado de vigília. Ele foi além das limitações do estado que consideramos como vigília, mas na verdade, está parcialmente sonhando, para um estado mais profundo e verdadeiramente mais desperto, porém, tendo certeza das qualidades do sonho. Não é sonho com aquela consciência incipiente, cega, irracional que é nosso sonho usual, mas sonho com a faculdade que absorveu a essência da razão – não os sonhos de um "inconsciente" irracional, para usar o moderno termo psicológico, mas sonhos que são intuições da verdade em uma extremidade, e criações na outra. Se pudermos identificar o sonho com senso, ordem, ação, criação e realização, esse é o estado de vigília com sonho que o ser humano em sua verdadeira natureza pode atingir.

Há duas energias distintas que operam na consciência do ser humano. Uma delas, *Manas*, é voltada para fora; assim, a mente vê tudo como fora de si mesma. Ela exterioriza toda impressão formada dentro dela mesma. *Manas* cria a condição que experimentamos no estado de vigília, enquanto *Buddhi* – a outra energia – é voltada para dentro e age de maneira que é semelhante a um sonho profundo. *Ātman*, que é a origem de *Buddhi* e *Manas*, representa o estado sem sonho de bem-aventurança, que é a raiz una de toda criação perfeita. Podemos considerar o *Ātman* como a raiz que floresce na região de *Manas* através do talo de *Buddhi*. O talo deriva sua vida e impulso dessa raiz. Pode-se imaginar um talo gracioso, esbelto como o de um lótus expirando a cada momento a Verdade ou a beleza que se expressa como uma flor perfeita, uma criação nova. *Manas* fornece o material a partir de seus registros e acúmulos; *Buddhi*, a lei, a vida e a beleza, molda tudo isso em uma forma perfeita.

Os livros sânscritos falam-nos de um quarto estado que transcende os outros três, e é uma síntese de todos eles. Mas dessa síntese pouco podemos imaginar ou dizer que provavelmente não esteja longe da Verdade.

Ao falar destes diferentes estados e energias, todas pertencentes ao nosso ser, estamos na fronteira entre a terra das sombras e a terra da luz. É por isso que buscamos o Real, como na oração: "Do irreal conduz-me ao real". Na Índia, diz-se que os *devas* ou anjos não projetam sombras, em parte porque quando aparecem não são materializações suficientemente densas para projetar sombras, mas também, acredito, porque (pelo menos os *devas* superiores) são formas de luz – a luz de uma onisciência divina que perpassa o Universo manifestado. Essa onisciência está ativa através de uma infinidade de aspectos, e cada aspecto suficientemente definido é uma Inteligência. Essa Inteligência é chamada *deva*, que literalmente significa "ser brilhante". Existem milhões e milhões de tais inteligências; são inteligências através das quais operam o *Manas* e *Buddhi* dessa consciência onipresente ou o Espírito uno universal.

Das trevas à Luz é o nosso lema – das trevas da ignorância e do egoísmo à luz do conhecimento espiritual e à unidade. À medida que dissipamos as inclinações à falsidade em nós mesmos, obtemos o conhecimento verdadeiro. Essa é a única maneira de obter esse conhecimento, não através de livros ou palestras, que podem todos eles dar muita informação e sugestões valiosas. Se o que está em outra mente é corporalmente transmitido a nossas mentes e aceito com certas modificações, isso não é conhecimento verdadeiro. Nós só descartamos nossas ilusões quando vemos através delas; quando nos desprendemos de nossas ilusões, ascendemos ao plano da Verdade, onde o que quer que seja visto é verdade.

Não é possível obter qualquer conhecimento ou sabedoria espiritual sem estar preparado para isto. Deve haver o solo virgem no qual a semente divina, a semente da verdadeira sabedoria possa fincar suas raízes e crescer. Mas se em vez de puro o solo estiver contaminado, saturado com todos os tipos de substâncias indesejáveis, ele deve ser purificado com fogo e água, metaforicamente falando, antes de poder se tornar adequado para nutrir a semente que evita até mesmo o odor de uma falsa ideia. É por esta razão que todos os Instrutores espirituais falam da pureza na vida do buscador, do aprendiz ou aspirante como o mais importante. Para obter o verdadeiro conhecimento espiritual, deve haver uma faculdade, como a do cisne lendário, para absorver somente o que nutrirá a alma e deixar o restante. Esta faculdade é inata em cada ser humano, mas as dificuldades no caminho de sua germinação e crescimento têm de ser removidas. As barreiras para uma reta compreensão, para o desabrochar e a realização espiritual, são os modos de vida, pensamento, emoção e ação dos quais temos que nos afastar. Precisamos fazer uma pausa com as falsidades do mundo, suas convenções estáticas e a violência de seus modos de ser. Isto não quer dizer que externamente devamos fazer algo para afrontá-los, mas devemos estar preparados para pensar e agir sozinhos, leais à Verdade como a percebemos, buscando-a por nós mesmos em cada questão e não a aceitando de segunda mão.

Afastar assim o coração do mundo e de seus modos de ser levará, na realidade, a uma unidade mais próxima com ele em espírito – uma unidade que não existe atualmente – para seu serviço e redenção. Quanto menos pedirmos gratificação ao mundo e dele dependermos psicologicamente, mais seremos capazes de amar aqueles que nele estão e simpatizar com suas lutas. Existe realidade e irrealidade tanto em nós mesmos quanto nos outros. A irrealidade reside nas expectativas e esperanças de proveito e prazer em nossas transações com eles, a realidade nos relacionamentos que enriquecem a ambos, sem diminuir a liberdade de nenhum dos dois. O irreal é o que aparentamos, suportamos e nos conformamos por conveniência e conforto. O Real está em toda manifestação da Verdade dentro de nós mesmos; é uma Verdade que se eleva e aparece como se de lugar algum em uma estado de vazio no qual nada há de preexistente para explicá-la.

Realidade no Viver

Qualquer um que busque a Verdade, que não pode estar separada de seu Ser, tem de aprender como viver, e esse aprendizado só é possível por uma íntima observação de si mesmo em todos os aspectos de seu Ser, e em todas as suas relações com pessoas e coisas. Embora a Verdade possa não ser uma coisa estática, ele pode nela repousar, em seu abraço, se lhe trouxer a plenitude de seu Ser. Não pode ser uma verdade ou uma condição de repouso divorciada da ação. Cada ponto onde o ser individual – coração e mente – possa repousar torna-se, durante algum tempo, o fulcro para seu movimento futuro. A Verdade deve preencher completamente o ser pessoal sem ser excluída de nenhum contato através do qual a energia desse ser possa irradiar. Cada momento de integridade representa o estado que é o máximo em si mesmo; contudo, não é o máximo onde o movimento para. Imaginemos uma esfera perfeita movendo-se sem fricção, rolando sobre uma superfície plana e macia. Em seu movimento a esfera repousa sobre o plano em cada ponto. Ela está em contato com o plano. Se não estivesse, estaria marcando tempo e girando em torno de seu eixo. O plano é tudo o que existe – o que é. A esfera é a consciência interna pessoal, só, tocando o mundo e não se envolvendo nele, sempre um todo. É também todo o movimento dentro da pessoa, a beleza que vem à existência de cada ponto de repouso.

A Verdade é um estado interior que revela o significado de tudo que acontece, tudo que toca nossas vidas. É a verdade desse estado. Neste sentido é um Absoluto, pois esse estado interno é um estado de incondicionalidade. Mas sua verdade pode manifestar-se em infinitas formas de finitude e relacionamento. O campo no qual se manifesta é nossa consciência, nossos pensamentos, ações e respostas. A descoberta da natureza da Verdade é uma descoberta do que existe no interior. O que a encobre, isto é, o que a suprime e a oculta são modificações da consciência, formas e formações que não se adaptarão à verdade, na qual ela não consegue entrar. Assim, tem de haver uma preparação de nós mesmos para nos tornarmos o terreno para a manifestação da Verdade. "Nós mesmos" inclui o nosso viver, do qual tudo que acontece dentro de nós – nossos pensamentos e respostas interiores – não pode ser separado.

Alguém pode perguntar: como mudamos as formas de nosso pensamento e ação? Não podemos moldar as formas enquanto estivermos em um estado de ignorância, esperando que um certo aspecto da Verdade – pode ser uma ideia nova, uma importância até aqui não percebida – nela se manifestará. A criação da forma e o preenchimento da forma com a vida, que é uma expressão da Verdade, são um fenômeno conjunto. Subjetivamente temos de sentir, perceber ou experimentar para criar com objetividade; e é a corrente de vida fluindo do interior que constitui a unidade sujeito-objeto. A primeira criação no processo de Autorrealização, que é a descoberta da Verdade oculta, é a criação ou recriação de nós mesmos como um vaso da Verdade. Uma vez que "nós mesmos" significa nosso viver, cada pensamento e ação nossos, tudo e cada parte deve aproximar-se da Verdade que é a meta de nossa aspiração, cujo raio está sempre presente dentro de nós se o procurarmos.

E isto é uma obra de arte – a maior de todas as artes existentes. É uma arte que lida não com um objetivo limitado, uma única tela fixa e seu tema específico, mas uma arte para cujas criações, sempre em mutação, devem ser guiadas e corporificadas as energias que fluem de nosso Ser interior. Cada pensamento passageiro, cada fantasia passageira pode criar ou estragar o quadro, que deve ser a representação perfeita do Ser interior ou Eu, a Verdade no interior da pessoa. Esse Eu interno é uma unidade por causa da perfeita harmonia que reina em seu interior. Mas essa harmonia é interrompida quando as energias que dele fluem, encontrando resistência de vários tipos em nossas naturezas, são lançadas sobre a tela dos fenômenos externos, criando o quadro de nossa vida. Para tornar esse quadro uma representação da harmonia interior a pessoa deve tornar-se perceptiva das forças que desviam essas energias e as contradições que criam nela mesma, entre o que se quer ser e o que se é.

A falta de acordo entre o Ser interno e a natureza externa é a verdadeira causa de nossa frustração e infelicidade. Por causa disto, internamente, batemos nossas asas em vão, não assimilando as coisas como são; externamente carecemos de inspiração – a insuflação divina – como também do senso de reta direção. Uma Verdade que seja puramente metafísica, no sentido de que os raios que dela emergem não vertem sobre cada aspecto de nossa natureza, não é uma Verdade experimentada ou a plenitude da Verdade; não pode ser sentida como Verdade; a metafísica divorciada da vida não tem espaço na constituição humana. O ser humano é um todo, e a Verdade com a qual ele se contentará deve preencher esse todo; essa verdade deve estar corporificada em sua vida em cada expressão e cada ato que seja uma parte dessa vida. A Verdade que se expressa na vida da pessoa tem a natureza de algo que é último, e não meramente de um meio para algo. É um fim em si mesmo.

Qualquer um que decida dominar a arte de viver de maneira prática não pode deixar de descobrir como é difícil. Mesmo um pequeno estudo de nós mesmos mostrará que existem em nós muitos objetivos soltos e desorganizados que parecemos ser incapazes de dominar e reunir de modo satisfatório.

As perguntas a serem feitas a nós mesmos em cada situação são: qual deve ser a natureza de nossa abordagem a ela? Qual é a natureza de nossos pensamentos e sentimentos com relação a ela? Que atitude tomaremos? A não ser que os pensamentos e sentimentos estejam corretos, a ação não pode estar certa. Na massa de circunstâncias que nos acossam de todo lado, qual é a direção do verdadeiro progresso?

Mesmo depois de termos realizado que a vida é um instrutor no sentido em que nos apresenta uma série de condições e circunstâncias para nosso estudo e compreensão, também para testar e evocar nossa habilidade em ação, nos falta a vontade para desempenhar a tarefa de modo eficaz. Parecemos fazer um lento cerco à Verdade, aquela Verdade que está dentro de nós, mas que deve ser trazida para fora e corporificada em ação sob qualquer que seja a forma apropriada para o momento. Com relação às condições externas ela assume uma forma diferente de tempos em tempos. Nessa tarefa estabelecida para nós pela própria vida não parecemos capazes de ir muito além do ponto que até aqui atingimos, porque não existe em nós a qualidade de um ataque direto, o espírito necessário para superar as dificuldades e derrubar obstáculos. A tarefa é difícil porque inclui todas as tarefas e atividades menores, significa uma nova maneira de vida em todos os aspectos, um objetivo e orientação completamente diferentes do que até aqui temos perseguido.

O que primeiramente se exige é que cada um de nós descubra um interesse supremo que irá firmemente transformar nossas vidas, e então buscá-lo unidirecionalmente. Pode haver muitas pessoas que prefeririam chamar isto de um objetivo supremo, uma condição ou ideal supremo. Contudo, a palavra "interesse" indica um importante requisito que deve abarcar o campo de nossa experiência e atividade normais, embora possa encontrar seus muitos focos naquilo que está além de nós. Se estabelecemos um ideal totalmente alheio às nossas vidas, então a causa de todos os nossos problemas com relação a este último permanece intocada.

Devemos ter um ideal sublime; pode ser entrar em relação com "Deus" ou algum grande Ser. Esse Ser ou ideal está separado daquilo que consideramos o rebanho comum da humanidade, com relação ao qual estamos contentes em ser indiferentes. Talvez até mesmo desprezemos nossos semelhantes, porque o nosso interesse está centrado naquele ideal ou Ser que professamos adorar e servir. Existe uma separação entre o objeto que procuramos – possivelmente para preencher alguma carência subconsciente – e os contatos e incidentes de nosso viver diário. O objeto é apenas uma imagem instalada em um compartimento de nossos pensamentos; e nossas atividades, motivadas como antes, continuam a correr ao longo de sulcos desgastados que por elas foram feitos. Os problemas práticos de nossa vida, surgindo das várias relações nas quais nos encontramos, não se aproximam nem um pouco de uma solução ao mudar o foco de nosso interesse para um centro separado e independente que criamos como escape.

Temos ainda de descobrir o verdadeiro incentivo ou a vontade interior que pode ter um impacto dominante sobre nossas vidas, e ainda assim estar presente em cada circunstância e incidente. Nosso ideal não deve ser deixar o mundo antes de termos aprendido a suportá-lo e ajudá-lo, ou escapar para algum sétimo céu; deve ser um ideal que esteja sempre presente conosco, em todo e qualquer lugar. A cada momento em nossas vidas ele deve permitir-nos reunir as energias necessárias para enfrentarmos as situações do momento da melhor maneira possível.

Todos os livros que lidam com a senda espiritual enfatizam a necessidade da unidirecionalidade, porque se perambulamos aqui e ali, se os efeitos de nossas várias ações cancelam umas às outras, se somos indecisos quanto ao rumo a seguir, se oscilamos como um pêndulo entre pares de opostos, então é óbvio que não podemos produzir um resultado definido ou decisivo. Se não há a continuidade da aplicação ou processo necessário para produzir uma consumação certa, essa consumação tem de esperar até que tal esforço seja possível. Portanto, uma das "joias da conduta" necessária para trilhar a Senda é a virtude da unidirecionalidade.

Mas essa direção única deve ser como o topo de uma coroa rumo ao qual todas as linhas de ações convergem naturalmente, embora cada uma possa ter sua finalidade e motivo imediato. O interesse que reina supremo sobre nossas vidas deve absorver todos os outros interesses, mas sem os abolir. Na verdade, deve penetrar estes últimos e transmutá-los. Todos os amores menores devem tornar-se canais para um amor maior e nele ser integrado, e assim participar da natureza deste último. A unidirecionalidade do verdadeiro Ser espiritual manifesta-se como uma universalidade de interesse e compaixão que é calculada para torná-lo um indivíduo com a mente voltada a múltiplas necessidades, um epíteto que foi aplicado a Shakespeare por causa do extraordinário *insight* que ele expunha em cada tipo de caráter, vocação, e experiência humana.

Se houver uma aspiração constante – com relação à Verdade, a Deus, a um estado de Existência, ou a qualquer outro objetivo dominante – surgindo de nossa natureza mais profunda que trará para o seu círculo tudo o mais de menor interesse, poderemos viver de momento a momento com uma inspiração que é imutável em essência, embora sempre variando em forma. O âmago da aspiração permanecerá inalterado, sua essência a mesma, embora seu efeito arco-íris possa variar de circunstância para circunstância. Deve haver um estado interno que esteja sempre aberto, um céu que represente a imensurável vastidão da Verdade, ou para variar a metáfora, gire em torno de uma estrela polar que irá coroar com seus raios beneficentes cada aspecto de nossa vida. O interesse que surge da parte mais profunda de nossa natureza é capaz de evolução infinita, e pode compreender cada interesse subordinado ou subsidiário desenvolvido através dos processos de diferenciação da vida. Somente o amor consegue evocar tal interesse.

Até que tenhamos descoberto esse centro em nós, onde possamos permanecer sempre equilibrados, e a partir do qual possamos fazer face a cada orientação da vida, cada atividade que isto envolve, e todo tipo de conduta com o mundo externo, a vida estará propensa a ser insatisfatória, por causa de um desequilíbrio dentro de nós mesmos que constantemente nos perturba e nos irrita. Cada um de nós tem de tentar mergulhar tão profundamente quanto possível dentro de si mesmo para ver seu verdadeiro interesse e como ele o definirá com referência às circunstâncias externas. Estamos interessados em amigos, em atividades que promovam o bem comum, em arte, em várias buscas intelectuais. Haverá algo em nossos corações que possa transmitir sua beleza e valor igualmente a todos esses interesses e buscas?

Existe um princípio profundo dentro de nós – na verdade, é o âmago mesmo de nosso Ser – que é a origem de todo tipo de bem, igualmente para nós e para os outros. Se conseguirmos tocá-lo, mesmo durante um instante, afastando-nos de tudo o mais, seremos capazes de extrair desse momento um senso de algo de valor imperecível, presente em todos e em tudo, um valor que não podemos deixar escapar posteriormente em qualquer julgamento de nossos semelhantes, ou qualquer ação que contemplemos tocando seu bem-estar, ou mesmo o das vidas menores que estão dentro da fraternidade universal.

Um estado de perfeição dentro de nós mesmos implica a unificação de nossa natureza, a harmonização de suas diferentes partes, para que constituam um todo coerente e permanente. Se cada um de nós sinceramente examinar a si próprio, seus pensamentos ocultos, suas reações a pessoas e coisas, compreenderá o quão distante está desse estado de harmonia interna no qual somente é possível a perfeição, e sem o qual todas suas ações devem ser parciais. Atingir a totalidade em nós mesmos é ser capaz de viver plenamente e aplicar a totalidade de nosso Ser, interesse e atenção em qualquer ponto de contato com o mundo externo. Infelizmente, desenvolvemos camadas de tipos muito diferentes em nossa natureza, uma camada de dureza aqui, uma camada de areia movediça ali, de modo que somos duros e resistentes em uma parte e prontos para ceder em outra. Somos inquietos e agitados com relação a algumas coisas, e inertes e insensíveis com relação a outras. Existe o conflito de uma constante contradição em nossas personalidades.

Os psicólogos modernos falam de um estado de neurose no qual um eu artificial está instalado, um crescimento em desacordo com o Eu verdadeiro e dele alienado, e, por conseguinte, existe uma guerra entre essas duas entidades. Aquilo que eles chamam de Eu real, cuja frustração eles pensam ser a causa principal da doença, pode não ser – na verdade não é – o verdadeiro Eu do ponto de vista mais profundo da Teosofia. Mas sem o exagero dos fatores presentes na personalidade neurótica, os elementos da neurose, isto é, de uma dualidade que resulta em conflitos periódicos, estão presentes na maioria de nós. Eliminar esta dualidade em nós, no sentido de energias discordantes simultaneamente presentes em nossa natureza, é o trabalho do *Yoga*, que significa literalmente união ou unificação.

A palavra em sânscrito "*Yoga*" possui uma variedade de conotações, mas o âmago do *Yoga*, seu objetivo central, é uma harmonização, primeiro dentro de nós mesmos, e depois de nós com os outros, que é tão fundamental que é mantida mesmo em meio à luta e ao conflito. Existe a diversidade da qual surgem embates na superfície, mas o senso de unidade surge a partir das profundezas, e essa unidade cria um estado de harmonia que é como as águas profundas do oceano que permanecem tranquilas mesmo sob a agitação na superfície. É esse sentido de unidade que está presente no amor, e cria um interesse profundo por todos e por tudo a que voltamos a atenção.

Toda a nossa natureza tem de ser permeada por esse amor. Assim, ficamos em sintonia com a verdadeira natureza de todas as coisas das quais surge uma paz profunda. Mas para obter essa tranquilidade interior, as causas do conflito pessoal devem ser eliminadas. Sem a purificação de toda a nossa natureza pela remoção dessas causas, que têm origem naquele par de opostos, eu e o outro, é impossível harmonizar todas as partes da natureza pessoal entre si. Somente o verdadeiro em um aspecto é que pode estar em consonância com a verdade em outro; portanto o falso tem de ser eliminado. A purgação precede o paraíso, e o paraíso é uma doce harmonia dentro da pessoa. As cordas de nossa natureza podem ser poucas, mas é possível compor melodias intermináveis com elas. Purificação, unificação e dedicação, que é a sintonização do inferior com o superior, da mente diferenciada com o sentido interno de unidade e beleza, são aspectos da mudança a ser realizada por cada um em si próprio.

Dedicação não é um estado passivo de meramente sentir-se devoto. Deve ser a expressão de uma vontade interior traduzida em um impulso dinâmico que vibra através de cada faculdade do ser pessoal. Deve ser uma vontade inquebrantável, embora adaptável da maneira mais delicada, operando em cada direção. Toda ação que surge dessa vontade interior, que é a energia da unidade na diversidade, é ação pura. As vidas de todos nós, por mais importantes que consideremos nossas atividades, são meramente um prelúdio do que está por vir, que não virá por si mesmo, mas deve ser prenunciado por essa vontade. O passado é sempre uma preparação para o futuro de uma maneira ou de outra. Tudo que construímos com os esforços de nossa natureza externa é apenas um andaime para um templo interior.

Interior e exterior: existe em nossas mentes uma divisão entre os dois que não está na natureza fundamental das coisas. A que nós, como a consciência exteriorizada, devemos voltar nossos corações? Ao Eu, Espírito ou Princípio uno que é o coração de cada Ser, ou às multiplicidades que em sua natureza essencial são as expressões desse Um? Deve ser a ambos. Enquanto fizermos distinção entre os dois não estaremos em sintonia com a verdadeira natureza das coisas. Ação em um espírito de amor puro que dá origem a não reação está acima dos pares de opostos. O amor do Ser supremo e último que está em cada Ser individual como sua fonte e coração não pode ser separado de nossa melhor vontade e serviço às manifestações desse Ser, por mais imperfeito que seja, naqueles que estão à nossa volta.

Suponhamos que encontremos uma grande e maravilhosa pessoa que nos move à mais profunda reverência. Depois encontremos alguém que é muito diferente – um peregrino sem dúvida nesta terra, mas desgastado pelas viagens e sujo, maltrapilho, metaforicamente falando. Ele evoca uma atitude muito diferente em nós. Contudo, deve haver em nós um espírito que nos ajude a incluir em nossos corações aquela pessoa grande e maravilhosa lado a lado com o outro homem que parece existir somente para nos fazer refletir sobre as estranhas contradições da vida. Esse é o tipo de igualdade, similaridade, ou equilíbrio, de que fala a *Bhagavad-Gitā* como a essência do *Yoga*. Devemos observar em nós mesmos nossas reações às dualidades que causam atração e repulsão se quisermos nos libertar delas e de seus efeitos desestabilizantes.

Devemos dar importância ao serviço ou ao autodesenvolvimento? Esta, ademais, é outra pergunta que não deveria surgir se percebêssemos o verdadeiro serviço como uma forma de ação que surge do desabrochar pessoal que é da natureza de uma dádiva de si mesmo, de seu coração e Ser. Devemos entender todo o processo de nosso crescimento em termos de um florescimento que é também uma dádiva do que é valioso em nós mesmos. Então, damos o que é verdadeiramente necessário àqueles com quem somos postos em contato. Este dar é como uma flor doando sua fragrância, mas variando o tempo todo. Essa visão não egocêntrica sobre os processos aparentemente diferentes da vida remove de nossa natureza todas as antíteses.

Somente quando estamos conscientes em nós mesmos, não apenas das forças que operam abertamente na superfície, mas também dos motivos sutis, dos pensamentos e sentimentos insinuados, é que podemos elevar-nos acima dos opostos que são a origem do conflito e que produzem a mente dividida.

Dizem certos livros que a dúvida sobre certas questões de importância fundamental é um empecilho ao progresso. Isto é compreensível, mas "dúvida" não pode significar descrença em alguma autoridade ou proclamação. Para se chegar à reta compreensão é necessário um pouco de reserva com relação a qualquer coisa que não se entenda. A dúvida surge quando há um dilema causado pelas reações divididas que somos incapazes de equilibrar ou avaliar.

O estado de não divisão, no qual podemos encontrar um caminho seguro, é um estado de equilíbrio interior no qual não há mudanças e declives. Se conseguirmos responder a cada circunstância, não com diferentes partes de nossa natureza, mas com o nosso Ser total, essa resposta indicará a direção que deve ser seguida – a direção de uma ação perfeitamente equilibrada e completa. Existe uma qualidade de integralidade em toda ação que expresse a verdade no interior da pessoa. Em circunstâncias difíceis, onde haja discordância de considerações e confusão no ato de pesá-las e equilibrá-las, o modo de determinar a melhor estratégia não é através do cálculo, ou desse pesar e equilibrar, mas através daquele centro em nós mesmos que pode ser encontrado na quietude de mente e coração. É um centro, não um ponto fixo, que mais parece um raio de luz ou um fio que guia, como o fio de Ariadne da mitologia grega. O julgamento mais verdadeiro é um julgamento imediato, que resume perfeitamente, mesmo que brote das agitações de muitos pensamentos prévios. Seu pivô é aquele centro interno onde reside a verdadeira sabedoria.

Em qualquer situação na qual não entendamos bem onde está o nosso dever ou o que devemos fazer, a clareza de motivo é muito importante. Se existe a reta orientação com relação aos elementos fundamentais do problema, ela nos indicará o passo imediato a ser dado. Nossa vida poderá ser vivida em uma condição de ampla equanimidade quando tivermos descoberto aquilo para o qual deve o tempo inteiro ser internamente orientada. Para determinar nosso dever em uma contingência que seja imediata, devemos ter uma apreciação do objetivo ou meta cumprido por esse dever. Pois o último e o imediato estão intimamente relacionados, se pelo menos conseguimos ver a relação. O Supremo é apenas um propósito mais profundo, o objetivo fundamental. Ele está nas profundezas de nós mesmos e não em algum lugar distante de nós.

Existe profundamente no interior de todo o processo da Natureza um plano que busca sintetizar, dentro de um objetivo último, o melhor que há em cada coisa. A partir desse ponto de vista, o plano inclui não apenas as ideias divinas com as quais se pode imaginar começar todo o processo cósmico – os arquétipos de todas as coisas que existem – mas também os passos da evolução, nos quais cada bem menor é um trampolim para um bem maior. É um plano de perfeição desenvolvido a partir do bem menor do qual podemos ser capazes a qualquer tempo. As formas que evoluiram com tanta paciência e cuidado são apenas um tosco desgastar das formas últimas. Neste processo cada um de nós tem uma parte consciente, se ao menos formos capazes de pensar em algo dentro de nós mesmos que possa ser descrito como o Bem supremo, a Verdade suprema, a Beleza suprema. A libertação desse algo é a consumação, "o evento divino, distante", em direção ao qual estamos todos nos movendo inconscientemente, embora de forma vacilante e mesmo tortuosa.

Nossa grande tarefa é descobrir que existe algo com base em nossa própria experiência, que é muito diferente do uso de uma mera palavra que tem sido usada para denotar a Realidade. É no processo da vida pessoal que a descoberta deve ser feita. Pois vida é ação, e a manifestação daquilo que está além de nós mesmos atualmente é também realizável através da vida. Sem ação não pode haver realização. O despertar dentro de nós é o resultado da reta ação, que é realização. Uma verdade que não surge na vida é verdade destituída de poder. Somente quando ela flui na forma de sua expressão apropriada é que se torna manifesta na pessoa como uma realidade.

Existe em cada um algo de supremo valor que é capaz de um desenvolvimento infinito, que dura toda a eternidade, que pode ser descoberto em cada incidente e circunstância da vida. Quando a pessoa o tiver descoberto e com esse algo tiver identificado seu coração, ela terá estabelecido, em si mesma, tanto integridade quanto equilíbrio; ela então viverá não como uma sombra de seu eu pleno, confinado na prisão de suas limitações, mas como um centro radiante cujos raios caem sobre cada circunstância e são refletidos de volta de cada ângulo. Nessa luz todas as coisas são vistas em sua verdadeira natureza e revelam seus eus ocultos. Então, ela é capaz de perceber, tanto externamente quanto dentro de si mesma, que todas as coisas são uma em sua essência mais recôndita.

A Lei do Reto Relacionamento

A única verdade na qual as energias da consciência humana, que é consciência individualizada, conseguem repousar em paz embora prontas para entrar em ação e formar os múltiplos relacionamentos da vida em determinado ambiente, está na natureza da unidade que subjaz a todos os desenvolvimentos que constituem a diversidade. Se há apenas a Vida Una, cuja energia está em todas as coisas que existem, e em diferentes níveis, espiritual, psíquico e material, dando origem a diferentes manifestações, tudo, nesses diferentes níveis, deve estar relacionado entre si. Esse relacionamento deve existir como um padrão subjacente, uma fundação, por assim dizer, sobre a qual todos os desenvolvimentos subsequentes são construídos. Toda evolução é o processo dessa construção. Todos os relacionamentos entre as entidades individuais constituídos pelas ramificações da unidade devem desenvolver-se e mudar, porque existe, em cada um, seu dinamismo, a energia sempre presente, e tudo deve, no final das contas, alcançar um padrão de harmonia no qual cada um assume sua mais elevada importância.

Quando se começa a ver, ainda que vagamente, pela luz que brilha a partir do interior, percebe-se que tudo é vida, tudo é lei, e tudo é relacionamento na Natureza. Nossas relações estão mudando constantemente, não apenas de vida a vida, em uma série de vidas, mas mesmo no interior do campo de uma única vida. O relacionamento de um homem com seu filho quando é ainda um bebê não é o mesmo que o relacionamento que ocorre quando o filho se torna adulto. Seu relacionamento também não é o mesmo com a garota que ele ama ou com quem está em lua de mel do que foi o seu relacionamento com a esposa de há muitos anos.

Quando a pessoa estuda sua própria situação na vida, sua dependência do mundo ao seu redor e as vontades de tantas pessoas, ela compreende que é uma unidade em uma teia de relacionamentos, um ponto de interseção de inúmeras linhas em conexão. Ela é um ponto em uma esfera em torno e através da qual transita uma infinidade de círculos na sua superfície. Os círculos em torno do ponto podem ser considerados como círculos de ambiente; os círculos através do ponto como os círculos que ligam pontos individuais ou vidas por meio de uma afinidade interior. Entre estas últimas linhas somente algumas estão vivificadas atualmente; outras não estão. O ápice do processo evolutivo é a galvanização de cada uma dessas linhas.

É uma questão metafísica interessante: serão as linhas irradiações do ponto, ou será esse apenas um ponto de encontro para as linhas? Em outras palavras, até que ponto uma individualidade é a criação de forças que operam em relacionamentos, ou serão as forças a irradiação da individualidade? A pergunta tem exercitado algumas mentes: será o *Logos* (o Filho ou a Palavra) um centro para a Luz que flui através d'Ele, ou será a luz uma irradiação do *Logos*? Tais perguntas surgem, possivelmente porque nossa visão das coisas pende para um lado ou outro e não inclui a verdade de sua unidade subjacente.

Nossas relações com qualquer coisa ou pessoa têm dois lados, um externo e um interno, porque o Universo tem esses aspectos. As relações externas são relações do *Karma*, a lei de ação e reação que governa a Natureza e o movimento de forças que são enviadas para fora; as relações internas são relações de afinidade, de Espírito, de Raios espirituais, de sub-Raios e assim por diante. À medida que o externo e o interno se aproximam cada vez mais – como céu e terra se unem pela ação de forças que operam entre eles, quando ocorre a conjunção de Espírito e Matéria que estão agora em oposição – todas as coisas devem ser reagrupadas segundo suas polaridades e afinidades.

As relações externas são de tempo, lugar e circunstâncias. Entre as relações no plano da matéria e as relações do Espírito, estão aquelas relações que experimentamos dentro de nós mesmos mudando de momento a momento, isto é, as relações e reações no campo de nossa consciência. É nisso que estamos particularmente interessados, pois aquilo que é do Espírito – a pura Realidade – está além de nós e só penetra o campo de nossa consciência quando esse campo está claro e aberto. Aquilo que nasce da matéria, do *Karma* passado, temos de aceitá-lo como vem a nós.

Nossas relações são com as pessoas, bem como com as coisas, e os relacionamentos ocorrem em todos os três planos de pensamento, emoção e ação física. Todas as nossas instituições são apenas uma estabilização de certas relações relativamente duradouras, estabelecendo um padrão para a ação externa, determinando sua natureza dentro de certos limites. O externo está propenso a seguir o interno, tal como a casca adapta-se aos contornos da árvore viva. Por exemplo, se há um sentimento interno de igualdade com relação aos outros, não haverá quaisquer sérias desigualdades durante longo tempo em nossas condições externas.

Como nos relacionamos com os outros em nosso pensamento e sentimento? Como respondemos internamente à sua presença? Como agimos com relação a eles com nossos pensamentos e propósitos não pronunciados? Essas perguntas eventualmente encontram respostas em nossa conduta externa.

O mundo externo é um mundo de conflitos, especialmente no momento presente. Esses conflitos são fundamentalmente de opostos: as ideologias e métodos do Oriente e do Ocidente, capital e trabalho, negros e brancos, novo e velho, juventude e velhice, homem e mulher, etc. Em qualquer relação de opostos, a primeira fase é indiferença devido à falta de contato interno ou externo. A fase seguinte é alguma forma de tensão, atração ou repulsão que logo resulta em um prevalecendo sobre o outro, em dominação de um e supressão e exploração do outro. Isto dá origem primeiramente a descontentamento de parte do suprimido, depois a resistência e rebelião, e finalmente a uma completa ruptura do relacionamento. Pode haver ainda conflito futuro, mas agora mais como entre iguais, com tréguas remendadas, compromissos e incertezas. Eventualmente haverá um equilíbrio, um relacionamento de harmonia e cooperação, porém, cooperação com liberdade e disposição de espírito.

Vemos este drama de conflito nas relações raciais e de Estado, como entre Inglaterra e Índia no passado; também nas relações de capital e trabalho. Nestes últimos relacionamentos estamos no estágio de tréguas e de compromissos. Vemos conflito também na relação entre homem e mulher, embora aqui assuma formas muito sutis. A mulher não é mais um bem pessoal, mas ainda não é tão livre quanto alguns poderiam pensar. Ela ainda não é livre em muitos países do Oriente, nem livre para participar e gerenciar os negócios de Estado, nacionais e mundiais. Psicologicamente não existe esta liberdade nas relações entre homem e mulher, que é essencial para um entendimento feliz, e para o crescimento individual de ambos.

Toda ideia nova apresenta variações semelhantes no tratamento que sofre. Primeiramente é tratada com indiferença; depois, se for suficientemente importante para perturbar as condições existentes, é ridicularizada, perseguida, e com o tempo, à medida que a nova ideia prevalece, como deve prevalecer, se estiver baseada na verdade – é aceita e mesmo tratada com orgulho. Até mesmo um tirano é aceito quando é vitorioso e conquista o apoio popular. As ideias científicas de Copérnico, as de liberdade para os povos subjugados, e a tolerância religiosa são notáveis exemplos históricos de mudança na atitude geral que a princípio parecia quase impossível.

Existe um elemento de oposição em dois indivíduos, quaisquer que sejam eles, pois não há duas pessoas exatamente iguais. A diferença se impõe nas situações à medida que surgem, e na presença de outras pessoas – ou coisas – quando aparecem no campo e afetam o relacionamento. O assim chamado triângulo nos relacionamentos amorosos é uma ilustração bem conhecida de uma terceira força rompendo uma união que previamente parecia perfeita. Quaisquer duas individualidades são opostas dentro de um certo ângulo, por mais leve que seja.

Todos os opostos na Natureza, não criados por nós em nossa ignorância, são realmente complementares. São as causas de conflito como no caso das raças branca e preta à medida que nós, em nossa ignorância, nos identificamos com a forma externa, e assim nos tornamos subservientes a ela. As formas externas são todas diferentes, mas não precisam dividir. No entanto, elas dividem, enquanto a consciência ainda for infantil (isto é, ignorante) e facilmente enganada. A antítese do outro e eu surge sutilmente e se estabelece através da repetição em inúmeras formas.

Quando nada há de que se tornar consciente, a consciência torna-se abstrata, uma pura capacidade. Nessa condição pode-se imaginá-la como um centro ou ponto adimensional. Quando a consciência individualizada faz contato com objetos, e forma ideias a respeito deles (ou esses objetos são nela refletidos), ela em parte se exterioriza. Seu relacionamento com os objetos ou ideias cria uma memória. Pode-se imaginar a consciência ativa voltada para fora como um novo centro, capaz de puro conhecimento, mas com um histórico de memória. A memória não precisa atrapalhar o puro conhecimento. Mas quando há apego a esses objetos e ideias, então a consciência torna-se limitada por seus apegos. O centro não mais é um centro de puro conhecimento e amor, e torna-se um eu que se fecha com os objetos ou ideias aos quais está apegado. Na linguagem usada na literatura teosófica, a Mônada é a pura potencialidade na consciência individualizada. O centro de puro saber, com parte dessa potencialidade realizada e expressa em seu conhecimento e respostas, é o Ego Espiritual, espiritual porque embora individual é desapegado e livre. O centro de saber, juntamente com as limitações do eu, verdadeiramente criam a personalidade.

Em cada nível, onde há centros individuais, deve haver um tipo diferente de relação entre eles e diferentes meios de comunicação. No nível da matéria física, os meios são adequados aos sentidos físicos. Nos outros níveis, os meios devem ainda ser através de vibrações, a partir do som. Dizem que há *devas* (inteligências de uma ordem superior) que conversam em som e cor, tendo sua existência em um meio ou mundo que se presta a tal modo de ação ou expressão.

Todas as relações mudam no processo da vida, pois vida significa mudança, ação e resposta contínuas.

Quando uma forma deixa de responder, ela está morta. As mudanças podem ser devidas ao *Karma*, cujos laços devem todos ser dissolvidos; as mudanças podem também ter início a partir do interior. *Karma* é uma lei de equilíbrio, de ação e reação, uma lei mecânica, mas na esfera da ação responsável e efeitos sensíveis ela se torna uma lei de justiça e moralidade absolutas. As mudanças devidas ao *Karma* estão também nos relacionamentos de vidas sucessivas. Pois de um período de existência em condições materiais ao período seguinte em outras condições, há uma continuidade subjacente como da semente à arvore e novamente da árvore à semente. Mesmo considerando apenas o período de uma única vida existe uma mudança contínua no corpo da pessoa, em sua mente e seus relacionamentos. Se as relações forem superficiais, elas se rompem rapidamente. Mas as pessoas que fazem as mudanças não mudam radicalmente. Portanto, os mesmos problemas surgem sob novas aparências, sob novos cenários. Mudanças rápidas podem levar a contatos variados, mas não conduzem à profundeza de compreensão. Nossas dificuldades com os outros devem-se em parte à falta de profundidade, de real contato, de um relacionamento completo. Cada um está enclausurado em si mesmo, no casulo de seus próprios pensamentos, tecido sob uma luz enganosa. Existe uma crosta de egocentrismo e um jogo de falsas luzes que criam uma visão errônea das coisas.

Se nossas vidas estão estagnadas, é porque não existe fluxo de interesse pelos outros, não existe verdadeira comunicação com a vida à nossa volta; estamos cada um de nós dentro do invólucro do eu, alienados, solitários, sem onda, transformados em uma concha ou crosta. Nossas relações com os outros são tão sem vida, que são relações de formalidade, de isolamento, de perturbado conflito interno, e interações parciais.

Em qualquer relação verdadeira tem de haver certa realização: primeiro, da dignidade inata da outra pessoa, o devido respeito a ela, qualquer que seja sua posição na vida, e, em um nível profundo, uma igualdade com nós mesmos; segundo, da diferença em toda sua perspectiva, circunstâncias e condição que exija compreensão e afinidade.

Em todo relacionamento externo há diferenças em desenvolvimento, em experiência, em capacidade e inclinações desenvolvidas por atuar em modos particulares como um executivo, um trabalhador, um professor, um artista, uma enfermeira, etc. Toda essa diferença produz sua própria inclinação na relação das partes envolvidas, e nas atividades que surgem dessa relação. Mas qualquer que seja a relação no aspecto externo das coisas, pode haver nela a manifestação de uma igualdade interna da alma. Mesmo as relações feudais que representavam um certo estágio na evolução humana conseguiam evocar virtudes e qualidades que não podiam ser desprezadas.

Todas as diferenças naturais tendem a se enquadar em certos tipos, que são especializações, cada uma com seu próprio valor. O corpo masculino propicia certas experiências complementares ao corpo feminino. Cada temperamento humano (devido à variada mistura de qualidades) tem seu próprio encanto, suas aptidões e qualidades especiais. Cada raça, as verdades de cada religião, cada cultura dá à alma um banho de certo tipo de influência que é calculado para preencher seu desenvolvimento. Cada estação da vida – juventude, idade adulta, velhice, e mesmo infância – tem seu propósito. Em qualquer esquema de vida cientificamente planejado cada um terá a devida consideração, a atenção de que precisa, a oportunidade para desenvolver e expressar sua qualidade especial.

O relacionamento correto deve permitir cada qualidade especial arder em seu apropriado brilho. Em uma ordem relativa, o melhor lugar para cada indivíduo é o lugar onde ele pode ser mais útil e importante, exatamente como cada nota em uma obra prima musical é colocada onde, na relação com as outras, produza o melhor efeito. O mais verdadeiro e mais belo relacionamento é aquele que é indicado por uma curva perfeita na qual a direção muda de um ponto a outro, mas segundo uma lei estética. A antiga sociedade indiana era baseada na aceitação de diferenças naturais e almeja o ideal funcionamento de cada tipo como também do todo, exigindo uma compreensão interior do lugar e função pessoais, como também das leis externas que os determinam. Tudo isto estava incluído na palavra *dharma*, traduzida como moralidade. O relacionamento era para o serviço, levando ao verdadeiro progresso pessoal a partir das limitações criadas pelas ações passadas a uma esfera de um mais elevado padrão de deveres e tipos de responsabilidades. Deveres e direitos eram reconhecidos como tendo seu lugar em todo relacionamento.

A lei do relacionamento, como a lei do pêndulo, tende sempre a restaurar o equilíbrio perturbado na Natureza. Existe o impacto de fora e a resposta do interior. A resposta deve ser ou sábia e ponderada, ou pode vir, como acontece na maioria dos casos, de uma mente reativa automática. Pode ser estúpida ou insuficiente (*tamásica*), ou agitada e excessiva (*rajásica*) ou harmoniosa, inteligente e completa (*sáttvica*). A melhor ação é aquela que tende a neutralizar as velhas reações e trazer as escalas a um equilíbrio apropriado. Tal ação é reta ação, resultando em reto relacionamento.

Fraternidade é o básico e único reto relacionamento, do ponto de vista da vida residente, porque todos nós somos expressões da Vida Una. Nossa fraternidade é com todas as formas de vida, incluindo os animais, os criminosos, e várias vidas invisíveis. Nosso atual relacionamento com os animais, obviamente, é errado e distorcido. Deve, inevitavelmente, ser restabelecido de alguma maneira, pelo nosso pagamento pela exploração que, atualmente, deles fazemos, bem como pelas crueldades que lhes infligimos. Não há dúvida de que somos carinhosos com nossos animais de estimação, porque o fato de possuí-los cria uma atitude de aceitação em que existe a oportunidade para o surgimento do sentimento de afeição. Na Índia antiga, especialmente entre os jainos e os budistas, ahimsā ou inofensividade para com todas as coisas vivas era considerado como o ideal supremo, embora não seja fácil de realizar. Ahimsā pode parecer um valor negativo, mas toda negação de um erro ou falsidade automaticamente libera uma verdade ou valor positivo.

Unidade e diferenças estão ambas incluídas na fraternidade, que é um relacionamento concreto e abrangente. A fraternidade reconhece diferenças, como em uma família, mas jamais esquece a unidade. Ela é, aliás, uma exteriorização da unidade em um campo de diversidade. A fraternidade é a chave para a solução de todos os nossos problemas, e é uma relação pura porque nela existe liberdade sem posse. A pessoa geralmente busca possuir algo para sua própria gratificação, o que leva ao conflito. Qualquer relação que use o outro para prazer pessoal é essencialmente um relacionamento falso, disfarçado, como geralmente acontece, por uma simulação de amor. Esse tipo de amor é meramente uma inclinação que surge do prazer. Isto não quer dizer que o prazer seja ruim em si mesmo. Pode ser bom e puro, caso em que não há apego a ele; ou pode ser um prazer que fortaleça o eu, a gratificação de um desejo que é da natureza de um predicado para aquele sujeito que é o "eu". É o desejo de sensação que enfeitiça o pensamento fazendo-o considerar o falso como o verdadeiro. Ele submete *Manas* às modificações do princípio astral do indivíduo, às vezes chamado *kāma rūpa*, literalmente a forma do desejo, mas sempre mudando. A ilusão espalha-se por meio da associação com outras coisas, como vemos no tipo de arte que enfatiza o apelo sexual. A Fraternidade exclui a ideia de se usar o outro com o objetivo ulterior de um benefício para si próprio que é uma exploração do outro; implica justiça, cooperação e liberdade.

Um relacionamento verdadeiro, construtivo e feliz só pode surgir a partir da liberdade para cada um. Tal relacionamento permite ao indivíduo que está relacionado ser mais verdadeiramente ele mesmo, ou pelo menos o ajuda a ser menos condicionado. Só pode haver uma comunhão de corações em um estado de harmonia, de vibrações simpáticas, sincronizadas e interação enriquecedora, sem possibilidade de nela haver discórdia, parasitismo ou dominação. A relação de um homem liberto com todos os seres e coisas é um relacionamento livre. Ele não se apega; não incorre em débitos. Ele está livre do *Karma*, e seu progresso dá-se pela lei do Espírito, a lei do alegre sacrifício, que é doação. Ele purgou sua consciência dos conteúdos da mente subconsciente, que se estende como um acordeão em seção após seção do passado. Ele é incondicionado e não está fechado em si mesmo. Ele libertou o presente do passado. Ele é o verdadeiro iogue, que é um pulsante centro de vida, não mais amortecido ou fechado. Ele é vibrante como um tambor maravilhoso, e todas as coisas vibram internamente em consonância com seu Ser. Ele é um com todos eles nas profundezas de sua própria consciência. Seu relacionamento é universal.

Profundeza no relacionamento pertence à nature-za do Ego imortal, que é eternamente puro e altruísta, o Eu abnegado. Seu relacionamento com outros Egos semelhantes deve ser puramente espiritual. O que é espiritual está sempre além do alcance das mãos deformadas do tempo. Neste Universo maravilhoso em que vivemos e nos movemos, em grande parte sem o compreendermos, o que merece imortalidade só pode ser imortal. O ser humano verdadeiro é imortal, porque ele é espiritual e participa das qualidades divinas do Espírito. Sua humanidade é um reflexo de sua divindade e é imperecível, porque se autorrenova. Ele é um perpétuo jovem, porque nele está uma fonte de vida criativa.

O verdadeiro amor pertence ao Ego divino que não está distante, e representa a melhor parte de nós mesmos e é imortal, porque o amor que é puro é o perfeito como também o mais dinâmico relacionamento, do ponto de vista da verdade das coisas. Assim, qualquer tipo de afeição, amor, ou qualquer outra forma de pura exaltação, uma vez tocada, fica registrada e retida para sempre. Não existe "bem perdido". É um caso de "eternidade afirmando a concepção de uma hora", ou mais verdadeiramente, um momento passageiro embora perfeitamente alçado à natureza da eternidade. Pois cada momento é um ponto de fuga que, se lhe é permitido elevar-se e cair sem ser apropriado, seja pelo contexto do passado ou pelos reflexos do passado em um futuro antecipado, floresce na natureza da eternidade.

Como podemos de onde estamos agir com relação a esta verdade? Nós mesmos podemos constantemente ver até que ponto estamos certos, onde somos egocêntricos; examinar a nós mesmos em todas as nossas relações com pessoas e coisas, em silêncio e com perfeita objetividade. O que é certo nos relacionamentos? Com relação às coisas, não deve haver apropriação do que por direito não pertence à pessoa; com relação às coisas vivas, a inofensividade como base; e além disso, evitar contatos promíscuos e desrespeitosos, veracidade na ação, e o mais elevado, o mais puro e o mais abnegado amor.

Jamais poderemos manter um reto relacionamento com os outros até que nossos pensamentos sobre os outros expressem esse relacionamento. Os relacionamentos repousam, no final das contas, em nossas atitudes fundamentais que são as determinantes principais de nosso pensamento, não os incidentes que são sua provocação imediata. Uma atitude é como um barbante; os pensamentos e as emoções são formas criadas por suas vibrações, quando é atingido por um incidente após outro. Com tudo e com todos existe um relacionamento que conduz ao verdadeiro progresso de acordo com a vontade que é inata na Vida. Esse deve incluir harmonia, equilíbrio, uma reação feliz, que aumenta a importância de cada um com relação ao outro, uma abordagem sensível e, em certo nível, um contato de alma com alma. O reto relacionamento é a corporificação de uma Realidade perene em uma forma que brilha com sua luz e beleza. Está em todos os planos – pensamento, sentimento e ação. Estar perfeitamente relacionado com tudo é ser perfeito.

Teosofia, uma Síntese Abrangente

Teosofia, como a palavra indica, é a Sabedoria Divina, e podemos ter algum conceito dessa Sabedoria somente até o ponto em que ela chegue até o nosso alcance. Para nossos propósitos, então, ela pode ser definida como a Sabedoria declarada em todas as coisas na Natureza, uma Sabedoria que deve ter relação com todas as coisas que observamos e com nossa experiência prática da vida.

Qualquer que seja o conceito que possamos formar de Deus como a Realidade, ou do ser humano e do Universo, a Ele relacionado, não podemos contrariar os fatos ou negar nossas experiências, qualquer que possa ser a explicação para elas. As observações da ciência estão entre os fatos inegáveis; mas nem todas as inferências dessas observações, das quais existem muitas, nem quaisquer das teorias que mudam de tempos em tempos, e que devem mudar ainda como algo mais desse X, que a Ciência deixa de fora, penetra em seu campo. A Ciência em seu progresso defrontou-se com uma sucessão de fatos que modificaram, e até mesmo revolucionaram seus pontos de vista. As inferências e teorias têm de ser julgadas segundo seus méritos, e cada um de nós deve sentir-se livre para julgá-las. Pode ser que certa teoria científica esteja de acordo com a visão oculta em alguns pontos, ou mesmo seja essencialmente idêntica a essa visão, embora formulada em outros termos. A palavra "oculto" parece misteriosa, mas significa apenas "o que está escondido", e o que na Natureza está escondido de nossa visão e percepção limitadas é muito maior do que está aberto e patente na superfície.

A Ciência, no sentido moderno, cresceu e está baseada em observações. Mas aquilo que é observado é apenas uma aparência, uma forma. Por trás da fachada dessa forma existe uma profundeza de fatores causativos, e na verdade é a tentativa para conhecer alguns desses fatores e sua ação em diferentes níveis que dá origem ao que é chamado Ocultismo.

Existe algo que transcende as formas, e que podemos observar em qualquer plano de matéria, e essa é a natureza da vida ou da consciência, o lado subjetivo da existência, que é tanto o estudo quanto o objetivo do Ocultismo. Quando a vida ou a consciência se manifesta através de uma forma em algum tipo de atividade observável, então a Ciência pode aproveitar tais atividades e falar dessa vida ou consciência em termos do que é revelado nessas atividades. Mas a visão científica está limitada pelo fato de que há limites definidos para a faculdade de observação no indivíduo, exercida em um meio que separa o observador do observado, um meio no qual o abismo entre eles é transposto de uma maneira que é suscetível de erro. Ademais, conhecemos o mundo externo somente por certas ações definidas em uma escala de vibrações que se estende de ambos os lados muito além do nosso alcance normal atual. Teoricamente, essa extensão pode ser infinita. Pelo que sabemos, deve haver uma onda em algum meio desconhecido correspondente a qualquer extensão que possamos postular.

Se for este o caso, não será possível que o que consideramos como as experiências subjetivas de uma pessoa – seus sentimentos místicos ou religiosos, por exemplo – possam ter uma base objetiva em um nível mais sutil e mais elevado do que as vibrações que afetam nossos sentidos atuais?

A Ciência constrói a partir da base. O edifício oculto inclui os amplos céus, a vida e a terra. Mas a base para toda a estrutura deve consistir de fatos verificáveis que são ou podem ser comprovados como reais em uma visão objetiva. A estrutura deve ter sua origem no topo, o ápice da coroa da cúpula central. Em outras palavras, deve ser uma estrutura que penda de um ponto no topo, uma estalactite bastante notável. Isto nos parece absurdo, não é verdade? É tão absurdo quanto à ideia de que as pessoas do outro lado do mundo estejam de cabeça para baixo e com os pés para cima. "Acima" e "abaixo" são termos relativos e devem ser entendidos como dentro e fora, o unificado e o diferenciado. Se nesta visão de um movimento do centro para a circunferência introduzimos o conceito de espiritualidade decrescente e materialidade crescente, chegamos à verdade como é vista pelo Ocultismo. Se aquilo que chamamos de estrutura for um movimento ou fluxo de cima para baixo, suas extremidades mais baixas devem encaixar-se nos dados da observação ou da experiência física como nove ou mil pinos, para nós, o nível mais inferior. Qualquer filosofia ou ciência que almeje ser abrangente deve incluir todos os fatos, explicar logicamente tudo que acontece e tudo que observamos ou experimentamos, todos os fenômenos, naturais e humanos. Houve vários sistemas de pensamento na Índia, especulativos como podiam parecer, que tentaram esboçar os contornos de tal filosofia.

Quanto a isso nenhuma ideia ou esboço diagramático do edifício deve ser incorreto. Qualquer afirmação científica suficientemente ampla para definir todo um campo de fatos tende a se tornar abstrata – geométrica, equitativa, e assim por diante – e carecer do conteúdo de vida, de experiência viva e dos valores da consciência humana. Na visão oculta da vida está o fator primário, uma energia que de uma forma ou de outra está presente em todas as coisas que existem. Quando a fundação está correta as paredes podem ser erigidas de modo adequado, isto é, podemos fazer uma estrutura de inferências lógicas, até um ponto, e obter alguma ideia ampla das divisões do edifício da Natureza, os vários andares na casa do Pai (nos termos do pensamento cristão), e de seu teto ou pelo menos um conceito unificado da extensão desse teto.

A Sabedoria Divina deve abarcar tudo que é visto e não visto, tudo de vida e forma, subjetivo e objetivo, para o ser humano. Suponhamos que temos o conhecimento de tudo isto, em algum grau; será que esse conhecimento compõe um todo completo, uma síntese? Só pode haver uma síntese no campo do conhecimento se houver certa coerência ou harmonia naquilo que é conhecido, ou seja, no Universo. As coisas são mantidas juntas de uma certa maneira mesmo agora, sob a tensão de forças que agem segundo certas leis. Podemos ter o conhecimento dessa condição, uma análise de suas partes. Mas haverá um princípio no Universo que contribua para uma harmonia maior, mais profunda e mais fundamental, que irá produzir uma união eventual de todas as partes, e levá-las a certa ordem que pode ser descrita como uma síntese verdadeira e completa e que possui a mais elevada importância?

A Teosofia, que é uma visão moderna da Sabedoria Antiga, responde a esta pergunta afirmativamente. Einstein, antes de chegar às suas teorias, foi motivado pelo sentimento de que a Natureza deve ser um todo, e deve haver tanto harmonia quanto uma certa uniformidade no seu funcionamento. Isto era fé, e essa fé guiou-o até uma perspectiva que contribuiu com resultados muito notáveis. Se suas visões são suscetíveis de futuras modificações radicais ou não, a fé pode ser compartilhada por cada teósofo. A abordagem teosófica tem o mérito de ver tudo que ocorre à luz de princípios que, começando do ponto mais elevado da autorrealização, e sendo dedutivamente consistente, mostram a mais elevada harmonia e produzem uma perspectiva que não exclui nenhum fato observado ou experimentado. Juntos, esses princípios compõem um todo lógico e são um tipo de átomo metafísico inquebrável. Mas é um átomo para o interior do qual cada um de nós deve soprar o alento de suas próprias realizações conscientes, e então o átomo se expandirá transformando-se em um Universo muito maravilhoso.

Há um princípio de unidade no Universo, que é altamente subjetivo, a unidade de Vida ou Espírito. Tudo que está manifestado surge da polaridade entre este princípio de unidade e o princípio de diferenciação, apresentados pela matéria com toda a sua objetividade e em todos os seus graus. Outras palavras para esta polaridade são Espírito e Matéria, que são inseparáveis em todos os níveis e em todas as formas. Somente a manifestação do Espírito é que varia, em grau, qualidade e ação. E é esta suposição fundamental que distingue o que pode ser descrito como Teosofia de todas as filosofias materiais e puramente empíricas. Por causa dessa suposição, a Teosofia pode ser descrita como uma filosofia espiritual.

Existe vida em toda parte, embora exista em diferentes graus, mesmo no que consideramos como matéria morta, inerte. A consciência é inerente à vida. No ser humano essa consciência desenvolveu-se a um grau e em direções que lhe permitem estar consciente de si mesmo e do que ele mesmo é, e por causa deste desenvolvimento ele pode conhecer certas verdades pertinentes à sua própria natureza psíquica e espiritual, verdades que são subjetivas para sua consciência física. Isto é, ele pode mergulhar na sua consciência e descobrir a verdadeira natureza de si mesmo, todo o espectro do beco sem saída da matéria até aquela extremidade que é o início na vida do Espírito.

A mais importante dessas verdades é a unidade de toda a existência. No fato desta unidade dinâmica jaz a possibilidade de uma síntese perfeita. Todas as coisas estão evoluindo para um estado no qual sua alma – sua verdadeira natureza ou natureza vital – irá se tornar mais aparente, um estado de maior percepção, maleabilidade, capacidade para auto-harmonização. Quando esse processo estiver completo, elas terão atingido sua ordem própria, que contribuirá para cooperação mútua e maior solidariedade, sem qualquer delas sacrificar sua própria qualidade espiritual distinta.

À medida que cada coisa assim evolui, ela se torna mais capaz de se tornar verdadeira, o que significa, melhores relações possíveis com os outros. Podemos realizar esta possibilidade entre os seres humanos. Em um sentido especial, todos os seres humanos são Um por causa de sua unidade potencial em Espírito, e a fundamental identidade da Natureza que, em diferentes formas, se expressa em seus diferentes desenvolvimentos. Dada a necessária inteligência e um espírito de mútuo entendimento, é possível para indivíduos, grupos, e nações, diferentes como são, cooperar entre si, com o efeito de enriquecer grandemente a vida uns dos outros e criar um todo esplendidamente humano.

Podemos estender este conceito a todo o Universo, se o Universo for a expressão de uma energia onipresente, que é a Vida Una, embora haja, no ser humano, um grau de desenvolvimento muito mais elevado dessa vida do que nos reinos menores. O que nele é singular é aquele potencial que constitui sua essência, ou seja, o Espírito, que é o polo oposto da matéria e existe como uma Unidade. Esse Espírito, refletido na matéria, manifesta-se em uma multiplicidade de formas. Cada aspecto seu tem uma individualidade distinta que em cada caso está manifestada em uma forma única e específica. Nada pode se mostrar sem algum tipo de forma.

O Espírito é transcendente e sempre intangível em todos os níveis objetivos. Ele envia infinitos raios que constituem a alma de cada forma, embora uma forma seja diferente da outra em capacidade e natureza. A manifestação da individualidade, que é a natureza da vida residente, não é estática, mas progressiva. Isto é evolução que, como vê a ciência, é uma evolução de espécies; que, em uma visão mais profunda, é uma evolução que corresponde ao desabrochar de Vida e Espírito.

A Vida residente é uma e muitas: uma, do ponto de vista do Espírito que é o centro; muitas e diferentes, do ponto de vista da matéria ou expressão, que representa a circunferência.

A síntese, que é possível, é não meramente uma síntese do nosso conhecimento que nos dá uma melhor compreensão, mas uma síntese na própria Natureza. Se pensarmos na vida no interior das coisas, existe a possibilidade não apenas de uma síntese que seja uma união, mas mesmo de uma integração, que é mais do que união e implica uma unidade em meio à união. Uma vez que o Um se tornou os muitos, os muitos podem voltar a se tornar o Um. Mas de parte das individualidades, que são distintas, deve significar harmonia perfeita, dando origem à compaixão, cooperação e felicidade.

Uma visão profunda e oniabarcante pode assimilar o que quer que seja verdadeiro, em qualquer Filosofia, Religião ou Ciência. Estas, e particularmente a Religião e a Ciência, pareciam ser opostas entre si no passado, mas elas simplesmente representam diferentes abordagens. A Ciência aborda cada coisa no Universo a partir do exterior, de certa distância, e registra suas observações. Posteriormente ela estabelece as relações no que é observado. Propõe também teorias para explicar esses fatos, tais como a Teoria da Relatividade. A Filosofia atua no plano da mente, levando em consideração todas as experiências mentais. Ela examina a qualidade dessas experiências, extrai conclusões, e as organiza em certa ordem de modo a iluminar os processos naturais. A Religião ocupa-se de certos tipos mais profundos dessas experiências, e formula teorias ou ideias para explicá-las. Uma vez que nada há fora de nossa experiência para se basear, e toda experiência é terreno para estudo, em Teosofia estudamos a Ciência, Filosofia e Religião.

De fato, a Sabedoria é muito diferente de conhecimento, que é comumente apenas o conhecimento de fatos superficiais e dos processos que os criam ou os envolvem. Nossa sabedoria consiste do que compreendemos desses fatos e processos. A sabedoria não reside em mera engenhosidade por parte da Natureza ou por parte de Deus. Não existe nada mais maravilhoso do que a engenhosidade da Natureza. Mas aonde ela leva e a que propósito? Existe um propósito profundo na Natureza, que é o desabrochar do que está no interior das coisas, da natureza nelas oculta. Nesse desabrochar há alegria, criação, e beleza – tudo um fim em si mesmo.

A Sabedoria de Deus está em uma natureza que subjaz, germina e floresce no Universo e não está dele separada. Foi essa Sabedoria que produziu as muitas formas com o impulso da Vida Una. As formas tornam-se cada vez mais significativas à medida que são dotadas do poder que está contido na semente una, que compõe a unidade. Qualquer aumento de significado, de poder e individualidade significa uma integração mais verdadeira e mais íntima dos elementos que compõem essa forma. Todas essas formas, à medida que cada uma se torna a expressão do impulso que a originou, compõem, juntas, um todo que é uma expressão perfeita da Sabedoria subjacente.

Do ponto de vista desta Sabedoria, a construção de todo o Universo e sua Natureza pode ser expressa em termos extremamente simples. Uma vez que tudo nela prossegue, logicamente em uma sequência natural, tudo é simples no centro. É complicado na circunferência. Primeiramente, Espírito e Matéria, os dois polos manifestados da Realidade una absoluta, toda a vida um jogo do Espírito na matéria ou a interação entre eles. Imaginemos o Espírito como o centro, e a matéria densa, física, como a circunferência. A matéria existe em diferentes graus de delicadeza e sutileza no raio que liga o centro à circunferência. Assim, existe no Universo matéria de diferentes graus e tipos, e existem formas de cada tipo de matéria constituindo mundos diferentes. Todos esses mundos estão relacionados, mas são seções distintas do todo.

A evolução é infinita, pois não há limite para a potencialidade do Espírito que está sendo realizada de modo crescente nas formas. Cada ser humano e cada espécie de vida individual representam uma manifestação contínua do Espírito, uma manifestação que em outras formas e sob outras condições continua mesmo após a morte do corpo físico, o Espírito representando uma potencialidade e uma natureza que, desabrochando de maneira singular através de cada forma que o expressa, jamais se exaure e jamais desaparece. Deve haver no Universo (e dizem que há) tais expressões que não desaparecem, Inteligências habitando em sua maioria os mundos mais sutis, nas quais esse desabrochar, que está ocorrendo em toda parte, alcançou um estágio que para nós pareceria uma expressão perfeita de Poder, Sabedoria e Amor. O ser humano, como é, está destinado a crescer de modo semelhante. Tudo isso, embora aparentemente teórico, resultante de premissas extremamente simples e lógicas, responde a inúmeras perguntas, e tem muito terreno racional como apoio.

Nosso conhecimento da Sabedoria Divina deve necessariamente ser parcial e limitado. Nosso horizonte, de qualquer altura que possamos dominar, deve ser um diminuto segmento de uma esfera infinita. Contudo, a visão que obtivermos pode ser para nós uma visão completa, compondo um esboço completo. Este esboço recebeu o nome de Teosofia, e nele podemos pintar quaisquer detalhes ou conhecimento que possam chegar até nós. Isto coloca todo nosso conhecimento em certa ordem, dando-nos uma ideia sempre mais ampla do significado dos processos nos quais estamos envolvidos. Essa compreensão deve ser tanto de vida quanto de forma. Vida ou Espírito é o agente sintetizador, e o conhecimento da vida só pode surgir através da percepção de outros, uma compreensão sensível, compassiva e imaginativa, livre da escravidão do eu pessoal limitado e separado.

É possível ter certo conhecimento do todo sem o conhecimento das partes, ter algum conhecimento da vida sem um conhecimento detalhado da forma. Mais do que existe na unidade torna-se conhecido quando é posto em ação e objetivado na forma. A forma perfeita é aquela através da qual a natureza inata de uma coisa é plenamente revelada. É na direção de tal forma, perfeita em todos os aspectos, que o ser humano e todas as coisas na Natureza e no Universo estão firmemente se movendo.

Imaginação e Realidade

A imaginação é uma faculdade que alcança acima e além dos níveis de observação e raciocínio, preeminentemente a faculdade que constrói pontes no mundo mental e mesmo no físico. Ela é, na verdade, um poder divino, pois cria na mente coisas que podem posteriormente ser materializadas sob uma forma ou outra. Nós observamos com os sentidos, embora essa atividade não seja puramente sensorial, uma vez que a mente penetra cada observação individual. Quando olhamos para uma superfície, digamos as paredes de um edifício e formamos uma imagem ou quadro em três dimensões, essa imagem é construída a partir dos elementos que recebemos dessa superfície. Existem as impressões de linha, cor, altura, extensão, textura, etc., que são fotografadas primeiramente em nossa visão e depois no nosso cérebro, mas toda a perspectiva é dada por uma mente que não apenas percebe o que está diante de si, como também desenha na memória para construir o quadro composto. Assim, há o uso da imaginação na observação das coisas, caso contrário nada obteríamos senão fragmentos de impressões não relacionados.

A imaginação não é idêntica em todos os seus aspectos à visualização. Esta assemelha-se a um foco adequado; quando prestamos atenção, ela automaticamente foca a mente e esse foco produz um quadro perfeitamente claro, como é o caso na fotografia. A mente possui uma natureza que, com relação às coisas da matéria ou, em geral, aos objetos de atenção, age como um mecanismo perfeito. O raciocínio e procedimentos matemáticos são mecânicos e, portanto, parece possível usar um computador para eles. Mas a imaginação é menos fixa e inclui a captura de ideias mais amplas, mais sutis, que parecem subjazer ou invisivelmente presidir o primeiro plano percebido, e sua materialização. É com uma imaginação que não apenas projeta ideias preexistentes que penetramos na região fronteiriça entre o conhecido e o ainda desconhecido; não o âmago do desconhecido, ou todas suas vastas extensões, mas seu horizonte próximo, no qual as coisas que lá estão, são ainda apenas formas embaçadas ou espíritos do ar que quase se pode sentir, mas que logo nos serão revelados à luz da objetividade. Sentimos algo que, como o tempo, manifesta-se à nossa visão clara e assume uma forma objetiva. É com a sensibilidade sutil inerente à natureza da consciência e à sua ação – e essa ação é a imaginação – que se percebe um segundo plano, a princípio não sentido, e nuances de diferenças, que revelam novas figuras e contornos. Sem essa sensibilidade, que é atraída como uma agulha imantada à verdade do que é, a imaginação seria mera fantasia, "a criação sem fundamento de uma visão". A imaginação da verdade é semelhante à percepção, embora possa também criar formas que expressem uma qualidade da verdade não descoberta até agora. A imaginação move-se como aquela agulha às expensas da memória, e expõe analogias entre fenômenos ou processos aparentemente não relacionados, e neles vê reflexos de um padrão invisível comum. É pela sensibilidade, que é a base da reta imaginação, que se apreende em qualquer medida a natureza interna de uma coisa, guiada até ela por seus sinais e manifestações externos.

Todo raciocínio, todo pensamento é a criação explícita de relacionamentos que são implícitos às coisas ou fatos observados, mas é com a imaginação que construímos um todo a partir das diferentes partes. A palavra "imaginação" implica a criação de imagens. Todo pensamento move-se através de imagens. Mesmo que pensemos em uma abstração – o significado de um símbolo matemático, por exemplo, – também assume alguma forma ou figura em nossas mentes. A imaginação tem uma dimensão que não está presente no raciocínio, porque ela cria e não meramente registra. Para erigir um edifício que estará situado sobre o terreno dos fatos ela deve seguir de mãos dadas com sua irmã prosaica, a mente lógica.

O que, exatamente, acontece quando imaginamos? Imaginamos com base nas impressões recebidas, que são as coisas que ouvimos, vemos, tocamos, cheiramos, saboreamos e sentimos. Certamente que impressões novas são recebidas constantemente. Há também as ideias por elas evocadas. Quando tentamos criar algo novo, selecionamos algum material e o colocamos em certo molde por meio de um rearranjo de seus elementos. O material em si não é novo, pois ele já está presente, mas aquilo que moldamos a partir dele é novo. Uma hipótese é também uma construção da mente, mas baseada em fatos, e seu objetivo é revelar suas relações ocultas e assim explicar a importância de tais fatos.

Quando falamos da imaginação como um dom especial, um nobre atributo, pensamos naturalmente nas realizações do gênio. É a imaginação que dá amplitude e altitude à mente.

Na realidade criamos tanto com a imaginação quanto com a vontade, e a vontade não é uma mera aplicação da força, mas a vontade do Espírito que provoca a ação e produz uma chama. São duas faculdades por meio das quais as maiores realizações tornam-se possíveis; são as gêmeas celestes, como duas curvas esplêndidas que se encontram em uma bela cúspide. No reino das descobertas científicas, em toda literatura grande e inspiradora, em cada forma de arte, podemos ver a imaginação em ação em uma gama infinita de modos e expressões possíveis.

Existe algo que podemos chamar de imaginação científica, que sempre desempenhou papel importante na realização de novas descobertas e invenções. Antes da descoberta dos raios hertzianos e da invenção do telégrafo por Marconi, seria bastante surpreendente ouvir dizer que havia algo no espaço, fosse éter ou algum outro elemento, que pudesse conduzir ondas ao redor do globo, e que essas ondas podiam ser transformadas para lá e para cá em sons que pudessem ser ouvidos a grandes distâncias. Como poderia alguém chegar a tal concepção? Primeiramente ele deve ter imaginado a possibilidade de certas ondas viajando através do espaço, estando familiarizado com os fenômenos das ondas, e depois de um conjunto de ondas sendo transformado em outro, tendo visto a similaridade entre um movimento ondulatório e outro. Ao juntar vários elementos de experiência prévia em uma nova ordem, ele chegou a uma nova conclusão ou efeito. O telégrafo tornou-se possível como a materialização da forma que foi construída pela imaginação, certamente após muitos testes e incidentes físicos.

A Teoria da Relatividade de Einstein é outro exemplo notável de uma hipótese imaginativa. Certas partes dela não são suscetíveis de aceitação com base no raciocínio de nossa experiência prática, pois quando ele fala de espaço curvo e de um Universo infinito está avançando proposições que são totalmente desconhecidas para as mentes nutridas por nossa experiência normal. Todavia, sua teoria oferece o melhor caminho encontrado pela Ciência até aqui para explicar e predizer certos fenômenos. Ela foi aceita porque respondeu a inúmeros testes práticos a que fora submetida.

A natureza da imaginação deve necessariamente variar segundo a natureza da pessoa que imagina. Deste modo, existem muitos diferentes tipos de imaginação, dependendo de como ela atua e do que se ocupa. O lunático forma todo tipo de imagens fantásticas a partir de uma mente desordenada com gostos grotescos ou degenerados. Um amante imagina (ou mais verdadeiramente é capaz de perceber) uma graça divina e uma beleza no objeto de seu amor. Devido a uma sensibilidade aumentada ele vê o que os outros não conseguem ver, e possivelmente algo que ele mesmo não vira antes ou possa não ver novamente. Um poeta usa ainda outro tipo de imaginação, introduzindo nas suas imagens das coisas externas seus sentimentos muitas vezes humanos e delicados, movido por uma profunda simpatia com a ideia ou vida neles corporificada.

Pode-se justificadamente argumentar que algo que não tenhamos experimentado, mas tenhamos somente imaginado, seja meramente uma projeção de nós mesmos, o produto de uma mente condicionada. Projetamos algo que se adapta aos hábitos e às inclinações da mente, e lhe atribuímos uma existência independente ou objetiva. Como podemos fazer o processo de imaginação corresponder à verdade ou realidade, e não ser um mero fato de autopercepção?

Nossa imaginação está em grande parte baseada em nossa experiência. Um cego congênito não consegue imaginar as gloriosas cores de um pôr-do-sol, por mais vívida e compassivamente elas lhe sejam descritas. Ele só consegue traduzi-las em termos de tato ou talvez fragrância, e consequentemente todo o quadro para ele será estranhamente enganador. Quando algo que está muito além do alcance de nossa experiência nos é descrito, é quase impossível pintá-lo como é. É impossível imaginar uma fragrância totalmente nova que jamais tenha anteriormente penetrado o campo de nossa experiência. Pode-se imaginar, certamente, fragmentos de várias fragrâncias conhecidas como estando mescladas, mas isto não seria uma fragrância totalmente nova. Obviamente, nossa imaginação tem seus limites. Ela não nos leva para longe do terreno de nossas memórias.

É evidente a limitação com relação a qualquer ideia ou coisa que pertença a um plano além daquele no qual operam nossas faculdades ou sentidos normais. Tudo que pertença ao lado subjetivo da Natureza, distintamente do lado objetivo, tudo que pertença à consciência, na medida em que não o tenhamos experimentado, exige um ato de imaginação. Se quisermos saber a relação do visto com o não visto, desejarmos ter mesmo uma concepção fragmentária, crepuscular de algo fora do alcance muito limitado no qual funcionam nossos sentidos, deveremos remontar à faculdade criadora de imagens. De outro modo, como poderíamos sequer estar fracamente perceptivos da natureza dos processos da consciência, digamos, em um mineral, em uma planta, em um animal, ou mesmo em outro ser humano, se não por uma apreensão simpática? Mesmo então não conseguimos imaginar o que outra pessoa sente ou pensa, fora do que nós mesmos pensamos ou experimentamos seja consciente ou subconscientemente. Podemos seguir os movimentos de um animal, e identificando-nos com ele em pensamento, imaginar-nos fazendo esses movimentos, e estudarmos como nossa consciência é afetada por esta imaginação.

Suponhamos que alguém descreva a natureza de uma experiência que não tivemos. Como iremos compreendê-la? Poderíamos tentar imaginá-la, mas nossa imaginação estaria baseada na memória de nossas próprias experiências. O que imaginamos das experiências de outra pessoa pode ser totalmente inexato ou imperfeito. Embora a faculdade de imaginação seja apenas um meio que possuímos para o propósito, ela atuará em uma base diferente se puder tornar-nos negativos e sensíveis como uma placa fotográfica à descrição (e podemos fazer isso com relação a qualquer objeto ou pessoa presente diante de nós) e assim refletir em nós mesmos a experiência como é descrita, ou a pessoa ou a coisa, como ela ou a coisa é. Normalmente, tal tentativa seria descrita como um esforço da imaginação. Mas então a imagem em nossas mentes simplesmente reflete o que é apresentado. O que chamaríamos de imaginação, porque há a produção de uma imagem, é então passiva e inativa, e nessa passividade ela pode mesmo ter uma gama muito além de sua capacidade ativa.

A imaginação tem não apenas suas limitações, mas pode também fazer com que nos extraviemos. Com relação ao oculto, seja oculto em um estado puramente subjetivo ou existindo objetivamente além de nosso alcance, a imaginação consegue facilmente tornar-se a criação de mera ilusão. Ela é então uma projeção de um terreno de ideias e inclinações já formadas, semelhante ao que acontece nos sonhos nos quais não há como conferir com a realidade das coisas como são. Ocultismo é uma ciência; não significa carregar um fardo de fantasias preferidas.

A imaginação pode ser volúvel, errante, desequilibrada e mesmo doente e mórbida. Vemos exemplos assim em muitas pessoas psicopatas, nos insanos que sofrem de ilusões torturantes de sua própria criação. Essas pessoas alegremente se livrariam de suas ilusões, mas são incapazes de delas se livrarem. Existe uma estranha semelhança entre as doenças da mente e as do corpo. A mente pode inchar, ficar desarticulada ou paralisada. Na vida comum, quando o elemento pessoal penetra em algumas lembranças, afeta as linhas, as cores e as sombras das impressões feitas pelos próprios eventos, exagera suas diferentes partes, e assim distorce e deforma todo o quadro.

Nossas ideias referentes à natureza da consciência em um plano mais elevado, e o que quer que possa estar aberto a tal consciência, estão propensas a ser parciais, mesmo que representem a verdade até certo ponto. É sempre o caso em que a visão de alguém assume a forma de seu condicionamento particular. Nas experiências religiosas, a forma e o colorido, diferentes de seu conteúdo ativo, as emoções e ação que constituem sua natureza, são quase sempre extraídos de elementos da fé e das lendas que moldaram o pensamento naquele que as experimenta. Deus, *Nirvāna*, o *Ātman* e assim por diante, são apenas palavras indicando certas realidades transcendentais, e existe uma pequena possibilidade de nossos pensamentos fazerem alguma justiça a elas; estamos meramente criando imagens com uma imaginação cega e que possui pouca capacidade.

O ser humano, quando forma uma noção de Deus, cria uma imagem semelhante a ele próprio, se não de sua forma física, então de si mesmo como é internamente. O Deus de um selvagem é moldado pela imaginação do selvagem. Tais limitações aplicam-se a tudo que transcende nossa experiência, seja Deus ou a quarta dimensão. Dificilmente alguém visualiza a quarta dimensão em sua consciência cerebral; ele apenas infere a possibilidade de sua existência por analogias. Só é possível conhecer a verdade pertencente a um plano mais sutil de existência, um reino de consciência mais elevado, um estado mental que esteja a ele aberto, livre de qualquer tipo de condicionamento, de preconceito e predileção.

Tentando retratar o *Nirvāna*, nós provavelmente imaginamos um estado de bênção e paz, semelhante a alguma experiência que tivemos, e então por uma série de passos mentais irreais, o transportamos conceitualmente a um poder superior, fazendo comparações onde comparações não existem. O cerne de nosso pensamento está baseado na experiência do passado, mas é rematado com inúmeras palavras e símbolos para indicar os aspectos gerais do conceito, ou possivelmente apenas uma direção de pensamento indicando o conceito. O Senhor Buda falou do *Nirvāna* como nem Existência nem não Existência. O que podemos fazer dessa afirmação, a partir de nossas experiências? Assim acontece com todas aquelas questões que estão muito além de nós. Quando as pessoas lhe perguntavam a respeito da existência última, dizem que ele permanecia em silêncio, talvez indicando que no silêncio esteja a resposta última. Nós inventamos um mero rótulo ou símbolo de uma Realidade da qual nada sabemos, e nos contentamos com esse substituto.

Contudo, em nossos processos mentais não conseguimos abster-nos de investigar o quando e o porquê das coisas, de especular quanto ao que se encontra além de nosso alcance atual, da criação de imagens. Seria uma forma muito rigorosa de *tapas* (um esforço intenso, desgastante) negar a si próprio todo pensar à exceção da observação do que é. Na vida prática não podemos apenas olhar adiante para lidar com o que se aproxima ou com o que vemos como possível. Seria tolice parar o processo da criação imaginativa, de amplo alcance exigido na música, na literatura e na ciência. Deveríamos então, na compreensão que temos do ser humano e da Natureza recusar-nos a olhar além do que está imediatamente presente, restringindo assim o verdadeiro ao que está mais próximo e imediato? A imaginação dá asas e nos eleva níveis de alcance mais amplos em pensamento e apreciação, inspirando-nos assim a um senso do todo, da beleza e do amplo propósito que ele consagra, e a um viver mais sutil, mais nobre, mais belo. É a imaginação que amplia a mente além de suas clausuras rigorosas, retira-a de seus sulcos e entrincheiramentos, e a leva àqueles horizontes longínquos onde somos recebidos por um tipo muito diferente da dura luz da experiência diária.

Precisamos de imaginação, e precisamos também nos livrar daqueles perigos e excessos criados pelas reações do passado, os gostos e as aversões, os ódios e as paixões que devastam o nosso pensamento. Devemos manter o que imaginamos, como tão facilmente faz o cientista avançado com cada teoria e, como ele, estar prontos a submetê-la a todo tipo de teste prático. Seria bom não estarmos muito certos e não nos presumirmos um conhecimento muito próximos das verdades e estados de ser que se encontram além do nosso alcance. A intensidade de emoção e vivacidade pode ser para nós um índice de validade, mas a vivacidade depende não apenas da verdade intrínseca da experiência, mas também de nossas reações pessoais, que, todavia, dependem de nossa consciência e impulsos, objetivos e expectativas inconscientes.

A objetividade é uma qualificação científica, que é igualmente necessária ao cientista que busca explorar o oculto. Verdade no viver; firmeza na observação, exatidão no raciocínio, e cuidadosa definição de pensamento; precisão no uso da linguagem, eliminação de todas as parcialidades e preconceitos; autocontrole na ação; impessoalidade ou desapego que surge da expansão e universalidade da compaixão; graça e exatidão mesmo nos atos físicos – todas estas coisas são necessárias àquele que em sua livre imaginação perceberia apenas o Real, e jamais confundiria o falso com o verdadeiro. Temos de nos tornar um Stradivarius vivo com perfeita ressonância e tonalidade para a música do Espírito.

Na escola Pitagórica, a matemática e a música eram duas partes de uma única disciplina, empregada para comunicar verdades universais. Assim, a imaginação do belo, através da ciência e da arte musical, era desenvolvida lado a lado com a lógica rigorosa da matemática. Estas duas ciências possuem leis por meio das quais o seu desenvolvimento é governado. Dizem que uma análise do Universo e sua construção revela o pensamento matemático. Como o som ou a vibração, em formas rítmicas, melódicas e harmoniosas, subjacentes à evolução do Universo tem ainda de ser descoberto. Mas o conceito de som ou vibração como base da arquitetura universal está implícito na palavra "*Logos*", usada na terminologia teosófica para se referir à energia espiritual onipresente nas coisas. Na escola de Pitágoras, muito se enfatizava o viver simples, abstêmio e belo. Era essencial que cada estudante vivesse uma vida pura, moderada, autocontrolada. Ele tinha de se dedicar ao estudo da Sabedoria Divina pelo estudo em si, e não como um meio para alguma finalidade pessoal. Ele aprendia a abordar a Sabedoria através de uma mente que era belamente modelada pela prática da matemática e da música.

A Sabedoria do Incriado, do Autoexistente, é Teosofia em essência, e se um processo semelhante à imaginação surgisse na criação de todas as coisas de acordo com essa Sabedoria, aquilo que consideramos como nossa imaginação aproxima-se desse processo, quando se imbui da qualidade e natureza desse Princípio Incriado. É esta qualidade, quando está presente na arte ou na poesia, que lhe dá o cunho de verdadeira criação. Em Teosofia existe uma tentativa de criar um esboço – naturalmente de uma forma muito fragmentária – do Universo como um todo e de todas as coisas nesse Universo, mas o esboço tem de ser preenchido com o nosso pensamento, que só pode dar um quadro verdadeiro à medida que se aproxima do pensamento divino, quando é preenchido com a verdade e a beleza ocultas sob a forma externa das coisas. Existem modelos na Natureza para sugerir o tipo de perfeição que é possível, e indicações de indivíduos que tiveram a visão do tipo de perfeição que cada um de nós pode individualmente alcançar. Temos de ampliar nossa consciência para apreender as glórias mais sutis dos reinos aos quais ainda não temos acesso. Mas tais tentativas não podem ser erradas, se o que buscamos for inspirado, não pela ideia de um vir a ser pessoal, mas pelo Verdadeiro, o Bem e o Belo em si mesmos, embora possamos errar tanto em discernir quanto em buscar o caminho do meio ideal no qual está tanto a verdade quanto a beleza – o caminho do equilíbrio perfeito, livre de excesso e defeito.

Alguém pode perguntar se existe algum valor nas descrições das coisas além do alcance de nossa experiência, por alguém que tenha conseguido descobri-las. A resposta para isto pode ser afirmativa, se nos dão um conceito do todo do qual nossas experiências sejam uma parte. Pois somente à luz do todo é que podemos perceber a importância da parte. Se o todo pode ser vislumbrado "através de um vidro, ocultamente", mesmo tal conhecimento e as insinuações que traz podem agir sobre a parte, ou seja, nós mesmos, e iluminá-la, em vez de deixá-la no eclipse de uma ignorância total. Nossa consciência move-se apenas em um pequeno arco do amplo círculo, mas a busca da Sabedoria, que é Teosofia, pode revelar-nos a natureza do círculo e iluminar um pouco do arco. As impressões que temos dessas questões que estão além do nosso alcance diário estão propensas a serem fragmentárias. Contudo, se formos sábios e suficientemente resguardados, elas podem nos dar sugestões de uma Verdade que se encontra além desses fragmentos. Elas podem servir como base para um quadro que podemos pintar enquanto continuamos a viver. Mesmo que a base nos dê apenas um senso do imenso valor do quadro, isso em si mesmo vitalizará a busca e todo o processo de nossa compreensão. A indicação de uma verdade que ainda não alcançamos pode ser um guia para uma imaginação que, de outro modo, estaria vagando no deserto, e assim ajudá-la a buscar a reta direção.

Nossa imaginação expande-se não apenas através do aumento da capacidade mental para recorrer às experiências passadas e conhecer um número crescente de coisas que podem ser reunidas de novas maneiras, mas também e muito mais, através de uma sensibilidade crescente para com tudo que nos cerca no mundo. Estamos em um pequeno canto de um Cosmos infinito, irradiado com vida e inteligência, e mesmo muito pouco disso está aberto à nossa experiência atual. Quanto ao resto que reside oculto em profundezas imensuráveis, podemos sentir vagamente certos aspectos com nossos sentimentos, mas eles são apenas um fragmento infinitesimal do que é possível sentir e experimentar. De modo semelhante, as ideias que temos quanto à natureza das coisas em sua infinita diversidade são, na melhor das hipóteses, migalhas de um depósito infinito.

A diferença entre um ser humano primitivo e um culto, com relação ao grau e à extensão de sua sensibilidade, é muito mais do que podemos supor. É uma questão de crescimento e desabrochar que ocorre segundo certas leis – um crescimento em riqueza de ideias e sentimentos com relação a todas as coisas na vida. No processo de evolução existe um desabrochar do que está no interior, que significa aumento de sensibilidade. Pode-se, com um motivo puro, acelerar grandemente este processo, que traz consigo um fluxo de nova experiência, tanto em volume quanto em variedade. Cada indivíduo desenrola, por assim dizer, da porção subjetiva de si mesmo, uma película com cada vez maior sensibilidade, na qual todas as coisas externas estão registradas como percepções e sentimentos. À medida que mais e mais dessa película penetra a consciência física, há uma capacidade nova e cada vez maior para registrar as vibrações do mundo externo, e uma conversão dessas vibrações em formas de nova experiência subjetiva.

Há outra razão pela qual uma descrição do que está além do véu pode ser valiosa para uma consciência limitada. O que está além e o que está próximo estão relacionados. O que conhecemos em um aspecto mais sutil de nós mesmos pode, por afinidade ou atração magnética ou por um tipo de gravitação psicológica, afetar a consciência física. Quando chegamos a uma verdade aqui embaixo, tocando a natureza espiritual do indivíduo, ela só pode ser uma lembrança ou reconhecimento de uma verdade que conhecemos em outros lugares e com menor alcance. A natureza da atividade que é a mente não consegue alcançar tal verdade, mas pode abrir espaço para ela e permitir-lhe manifestar-se.

Todas as tentativas para imaginar as coisas que estão fora de nossa experiência atual obviamente aumentam nossa capacidade, não para saber, mas para sentir e perceber. Nossos sentimentos, nossas impressões, cada modo como percebemos e o modo em que o mundo externo nos afeta, todas essas coisas podem expandir-se; à medida que colhemos mais e melhor material, nossas ideias e ideais moldados com esse material podem crescer de modo correspondente em beleza e poder verdadeiro.

Encontramos o material para qualquer conceito ideal em nossa própria experiência passada e presente. Vejamos como exemplo o ponto geométrico e a linha reta. Não existe tal coisa, na verdade, como um ponto sem extensão, amplitude, altura ou profundidade, nem existe concretamente algo tal como uma linha reta. Estes são conceitos ideais, baseados em tal linha e em tal ponto como conhecemos. As realidades são cruas, mas das coisas que percebemos, abstraímos a natureza da linha e do ponto, e depois levamos o conceito ao maior grau de refinamento possível. Por meio da imaginação projetamos vagamente um limite em algum lugar, e o chamamos de ponto geométrico e linha reta geométrica. Conceitos ideais tais como estes são a base da matemática, que tem demonstrado seu valor em todos os desenvolvimentos da ciência moderna e suas invenções. Toda a ciência repousa sobre dados matemáticos precisos.

Em Ocultismo, que é o conhecimento do Universo, ao compreendermos a natureza da vida e da consciência, como também da matéria, ocupamo-nos não apenas com as medidas e quantidades, mas também com estados e qualidades. Mas como algumas dessas qualidades estão manifestadas em gradações, também aqui nós procedemos por passos em nossa imaginação até o limite com o qual identificamos uma certa condição definida.

O ideal é sempre uma criação da imaginação. A princípio deve ser criado a partir do material que esteja disponível, coletado pela parte superior e mais sensível da inteligência pessoal. A partir desse material é construído um ideal agradável de contemplar. Gradualmente o ideal aumenta em beleza e poder, já que o material de que é construído torna-se mais rico, mais delicado, e de qualidade mais refinada. Quando pensamos em um Ser perfeito – seja ele o Cristo ou qualquer outro Grande Ser – a imagem que fazemos é mais bela, mais dignificada, serena e inspiradora, à medida que realizamos em nós mesmos mais e mais dessas qualidades.

Assim como conceitos últimos e limitantes formam a base da matemática, igualmente podemos formular conceitos e ideais de moralidade como base para um sistema ético perfeito. Nossos ideais de beleza, virtude e bondade são a fundação de qualquer moralidade genuína (como em contraste com o "convencional") que possamos possuir. Na bondade está a essência da moralidade; na beleza a essência da arte; e é sobre conceitos ideais de beleza e bondade que devemos basear as buscas da verdadeira arte e da verdadeira moralidade. Quando criamos um ideal e o investimos em todos os belos atributos que conhecemos ou experimentamos na parte mais sensível de nós mesmos, estamos na verdade em contato com uma realidade profunda dentro de nós mesmos e aumentando nossa sensibilidade a ela. À medida que contemplamos ideais de pureza, serenidade, beleza, virtude e bondade, e dispensamos a eles toda a nossa atenção, podemos experimentar sua natureza mais profundamente e em uma medida mais ampla.

É óbvio que qualquer conceito de uma realidade tão abstrata quanto o Eu Superior da pessoa deriva sua cor da natureza pessoal que projeta essa imagem. Não podemos ter um conceito real do Ego espiritual além do que podemos sentir por suas qualidades. Quando pensamos no Ego, a realidade de nosso pensamento reside não em alguma forma, característica ou peculiaridade que lhe possamos atribuir, mas nas qualidades que devem pertencer à sua natureza e consciência. O Eu Superior só pode ser "sentido" se for o Eu espiritual, e qualquer imaginação destituída de tal sentimento não consegue nos dar sua realidade. O indivíduo que não tenha sentido algo da qualidade da beleza não consegue formar ideia alguma de beleza. O indivíduo que, em toda sua vida, jamais sentiu uma partícula de compaixão ou gentileza para com alguém, não consegue compreender o que falamos a respeito dessas coisas. Se nossas ideias das coisas têm de corresponder em algum grau à realidade, elas devem estar imbuídas de sua qualidade, e isto tem de ser uma questão de experiência. Assim, a eficácia, o poder e o valor de qualquer ato de imaginação dependem da qualidade que lhe é comunicada.

Quanto a qualquer conceito do Eu Superior no ser humano – a Mônada – somente ocorre através do extremo refinamento da imaginação que possamos esperar obter, mesmo a mais vaga ideia de seus atributos, e essa imaginação tem de ser de uma natureza tal que se preste à verdade. O termo Mônada significa uma entidade ou natureza que é indivisível – um extremo – tal como a linha reta ou o ponto é um extremo que não pode ser ulteriormente refinado ou idealizado. Não conseguimos ir além de sua simplicidade e incondicionalidade, mas podemos conhecê-la por seu reflexo em nos mesmos, em outros níveis, pois ela é nós mesmos na mais profunda realidade. Podemos lançar os raios de nossa inteligência em sua direção, mesmo que esteja envolta em escuridão e silêncio. Se não conseguimos tocar a realidade em si, podemos com a flecha de pura imaginação atingir uma marca que indique a direção desse ponto mais elevado.

A imaginação deve operar menos com base na experiência passada do que pela orientação de outra faculdade com a qual deva estar mesclada, que tenha em si as qualidades, a essência de todos os conceitos puros e ideais. Podemos olhar para um quadro, analisá-lo em todas as suas partes, sentir e dizer que é belo. Mas nossa avaliação não pode estar baseada no raciocínio de premissas dadas; ela surge de uma faculdade mais sutil do que a mente, de uma fonte diferente e oculta. Quando olhamos ou tocamos o objeto, temos certa sensação ou "sentimento", bastante diferente do sentimento ou "magnetismo" pertencente a qualquer outro objeto. A natureza desse objeto não pode realmente ser sentida com a imaginação que atua baseada em experiências passadas, nem pode ser sentida pela razão. Se suas propriedades fossem determinadas por análise química ou outra, seriam apenas suas reações observáveis ou o que vemos de sua forma externa, não sua essência intrínseca. A natureza da vida que constitui a coisa, seja ela um metal, uma árvore, um veio de madeira, um animal, um ser humano – apenas pode ser sentida subjetivamente com aquela faculdade interna que só podemos chamar de intuição, uma forma de conhecimento direto.

Se for impossível, por meio da memória pessoal, imaginar uma fragrância totalmente nova, será possível imaginar uma melodia nova, que não seja semelhante ou uma modificação de melodias conhecidas, mas algo que produza um efeito totalmente diferente? É possível, com a faculdade de Intuição ou *Buddhi,* trazer à superfície novas áreas de consciência, até aqui inativas, veladas e adormecidas, e assim experimentar algo totalmente novo. É uma faculdade que, como um raio de luz, desperta centros na consciência dos quais emergem ideias que são novas, verdadeiras e belas. Talvez ela tenha um papel mais amplo em nossas aplicações do que geralmente se supõe. Na maioria das vezes ela precisa ainda desabrochar e, consequentemente, temos uma pequena ideia de seu pleno escopo e possibilidades, uma vez que estamos ainda no estágio de desenvolvimento mental. Mas mesmo agora, e mais do que estejamos perceptivos, existe a possibilidade de alguma infiltração na mente de ideias oriundas da consciência intuicional ou *Búddhica*.

Diz-se que a natureza do Eu é conhecimento. Ser, conhecer e exultar são os três aspectos do Espírito ou Eu divino, segundo a Filosofia Indiana. Essa faculdade que chamamos de *Buddhi* em sua natureza própria é conhecimento, de modo que toda sua atividade expressa uma verdade oculta. O que ela apreende é a essência, o "âmago" das coisas, e não apenas o que elas aparentam ou parecem ser. Quando a mente estiver perfeitamente tranquila e deixar de criar imagens que são apenas os produtos de preconceito, distorção ou preconcepção, quando ela se tiver tornado um espelho perfeito, nem côncavo nem convexo, será capaz de refletir aquela verdade que é a natureza própria do Espírito. Será capaz de criar, mover-se e funcionar à luz dessa Verdade.

É parte integrante da natureza da consciência desabrochar uma faculdade da qual cada movimento, cada construção simples seja uma ilustração de beleza, e essa beleza perfeita seja uma revelação da Verdade. Como toda curva no espaço, seguindo uma equação ou lei matemática, tem sua própria beleza, assim, também, todo movimento de beleza corporifica uma lei que é a fórmula, o caráter de sua existência. A beleza consiste de sua legitimidade. Consequentemente, antes de nossa imaginação poder mover-se espontaneamente nos caminhos da Verdade e da beleza, ela não mais deve mover-se sob feitiços lançados sobre ela por experiências do passado, ou impostos de fora, mas segundo leis inerentes ao Espírito; não deve ser uma imaginação influenciada por condicionamento passado, mas uma imaginação que siga a lei de liberdade. Então, na liberdade de todos os opostos, das atrações que produzem excesso ou defeito, opera a lei secreta daquele Desconhecido que podemos chamar de sabedoria do Espírito.

Quando não há distorção ou falsidade na Natureza que cria, deve haver fidelidade à sua verdade, no que ela cria ou concebe a partir de seu próprio movimento livre. Uma natureza que esteja sujeita à compulsão é compelida por suas necessidades e temores, perdendo assim a sua integridade. Uma natureza pura deve ser inerentemente livre. Sua ação, em qualquer forma que ela livremente se expresse, deve resultar em uma expressão da Verdade.

Imaginação no sentido literal é criação de imagens. Fazemos isso o tempo todo ao pensar. Mas a coisa pode tornar-se um mero jogo de memória, um reavivamento ou reintrodução de ideias passadas. Mas pode ser também um esforço que seja mais significativo, abrangendo distâncias, a projeção de um raio avançado que ilumina o que não está imediatamente presente. Este modelo depende muito de seu treinamento. Nossas instituições educacionais precisam incluir em seus currículos o treinamento científico da imaginação infantil, sem lhe dar qualquer propensão fora da direção de verdade e beleza. Até aqui, o desenvolvimento e treinamento da mente em imaginação tem de ser considerado como uma arte educacional, exceto entre artistas. Parte do treinamento deve consistir de libertar a mente de distorções que foram aceitas como parte do eu normal. Dizem que "a mente é a assassina do Real". Ela assim o faz por ignorância. Mas é possível ordenar de tal maneira a atuação da mente dentro de seu próprio campo que ela se torne um espelho cada vez mais claro para refletir o que quer que da Verdade lhe seja possível.

O que pode ser feito com a imaginação depende de quão puros somos em vida e motivo, quão verdadeiros, quão bons, e quão sensíveis em nós mesmos. Será que nossa imaginação é de uma mente terrena, baseada na ganância, inveja, ambição, luxúria e medo? Se assim for, ela refletirá apenas nossa relação com a Terra. A mera projeção de imagens pode ser fantasia ou loucura. Deve haver reta imaginação como também reto pensamento e reta resolução, como afirmado no Nobre Caminho Óctuplo indicado pelo Senhor Buda. Precisamos de nos estabelecer na retidão se quisermos ter a imaginação da mente imaculada, celestial, uma emanação de *Ātmā-Buddhi* que busca todas as coisas com sua luz penetrante.

A imaginação deve tornar-se uma faculdade cujos raios possam ser projetados para dentro e para os céus, mesmo até as vastas extensões do mundo dos arquétipos, as maravilhas da Mente Divina. Deve ser como um radar que tudo vasculha, o raio que pode mover-se através do espaço para revelar aquelas formas ocultas e existentes que estão envoltas na escuridão que obstrui nossa atual assim chamada visão. Algum dia essa natureza divina em nós projetará os raios de sua verdade e *insight*, aos quais nada é impenetrável, e conhecerá a natureza de cada coisa como ela é. À luz de *Ātman*[3], quando formos suficientemente puros para refleti-la, poderemos ver tudo, mesmo aqui embaixo, em sua verdadeira riqueza e verdade intrínsecas. Tudo no Universo revelará então seu significado oculto. Nós – o que quer que a palavra 'nós' possa então significar – poderemos conhecer e exultar nesse significado.

---

[3] A palavra *Ātman* mencionado em todo livro é também denominado *Ātmā*. (N.E.)

A Forma Pura

Toda ideia, inclusive toda emoção, que surge de dentro de nós, busca uma expressão natural, porque tem em si em algum grau o impacto vital sobre o qual escreveu o cientista e filósofo Bergson. Representa um impulso vital, e a vida cria em cada plano seu próprio instrumento para manifestar sua potencialidade inata, sua própria forma para a expressão do que ela contém. Quando não há desvio das forças envolvidas nessa expressão por qualquer outra força atuando de fora, a ideia ou emoção encontra sua reta expressão e corporificação. A expressão pode ser no nível mental, emocional ou físico, em palavras, sinais ou gestos. Os movimentos na dança podem ser classificados como gestos, porque cada movimento tem seu próprio significado, seja um movimento estudado ou um movimento espontâneo; desde que tenha ritmo, flua em um padrão significativo, cause um impacto que dentro de seus limites cria uma impressão perfeita. Como podemos observar na vida comum, toda pessoa desenvolve gestos e poses, inconscientemente na maioria das vezes, por causa desta ação natural dentro dela mesma.

Quando a ideia é verdadeiramente bela, a expressão ou gesto será também belo. Vida e forma sempre tendem a combinar, embora a combinação apenas raramente possa ser perfeita. Qualquer força estranha à expressão da ideia, quando posta em ação, quando estamos autoconscientes, rompe ou perturba o fluxo dessas forças, que se deixadas a si mesmas, criariam a forma perfeita. A forma que uma ideia assume por iniciativa própria, quando trazida para o nível físico, seja em palavras, movimentos, ou alguma obra de arte, é semelhante à ação de um instinto. A ideia que, quando é bela, tem tanto os aspectos de pensamento quanto de sentimento, criará uma forma que se ajuste e é verdadeira, se a forma resulta da força criativa da ideia; isto é, se se permite à ideia criar sua própria forma, encontrar sua própria corporificação, no modo como um instinto na Natureza encontra seu próprio caminho, seus próprios meios de se consumar.

Associamos qualquer tipo de padrão à inteligência, e, portanto, podemos perguntar: haverá uma mente atuando nos processos vitais, velada no instinto, embora não seja a mente da entidade exibindo o instinto? Existe o divino ou a Mente universal em todo processo vital – a mente de um matemático puro na construção do Universo fenomenal, uma criação de momento a momento ou uma criação continua.

É a energia da Vida que cria, como ensinavam os *Upanishads* há muito tempo, e é uma inteligência inata na Vida que cria o padrão de cada forma com a diversidade dos elementos que constituem a forma. A natureza da Vida é ser consciente, e a consciência como uma capacidade abstrata individualiza-se em inteligências distintas, tal como uma nebulosa transforma-se em estrelas individuais. O melhor efeito em qualquer forma de ação é um efeito natural, porque a Vida, quando está em movimento livre, adapta-se às leis de harmonia e cria o efeito de uma unidade na diversidade, um equilíbrio entre concentração e dispersão. Este efeito é produzido quando uma ideia expressando uma harmonia inata é livre para criar seu próprio caminho até a forma em manifestação. A construção é perfeita, como podemos ver no nível físico na estrutura do cérebro físico, do olho, do ouvido e assim por diante, quando é deixada à Natureza, que ainda não exauriu sua engenhosidade, e ainda está no processo de trazer à luz um estoque ilimitado.

O indivíduo que busca corporificar uma ideia nova desempenha melhor seu papel quando torna uma posição neutra em relação a ela, no sentido de ser perfeitamente sensível ao sentimento que transmite, sua essência, sem introduzir quaisquer elementos positivos ou pessoais não pertencentes a essa ideia. Ele deve tornar-se um canal para as forças pelas quais a ideia futura floresça até sua forma apropriada. O campo para o fluxo das forças que moldam os detalhes de sua expressão deve estar aberto e claro. O material para a expressão da ideia, os elos e as associações envolvidos na montagem do material, a plasticidade necessária no emprego de qualquer idioma ou técnica para a expressão devem estar todos prontamente disponíveis.

Os instintos são fixos e repetitivos, por mais belos e maravilhosos que sejam. Mas o indivíduo elevou-se a um nível onde a expressão instintiva tem por finalidade estar combinada com variação e originalidade. Ele tem em si o poder latente no presente, exceto em raras oportunidades, de criar centros de ação instintiva em sua própria consciência, isto é, trazer à existência ideias, cada uma das quais possa transformar-se em formas de beleza e efeitos maravilhosos não criados pela mente individual, mas pertencentes à ideia em si como ela existe em alguma profundeza desconhecida. Verificar-se-á que a criação de todo artista verdadeiro, quando conseguimos rastrear sua gênese, consiste nele conceber a ideia germinal em um momento propício e então seguir o fluxo natural de seu desenvolvimento, e representar esse fluxo em um meio particular. Isto é ação pura ou criação a partir de um plano de consciência no qual não há influências confusas surgindo da interação cega de mente e matéria através do meio que é a sensação. É ação de seu próprio centro por uma consciência integral que não foi dividida por ligação a elementos de experiência envolvendo atrações e repulsões.

Uma vez que ideia e forma estão naturalmente relacionadas, a forma deve sugerir a ideia. Se a forma for idealmente bela, a ideia que é seu âmago, essência ou eu subjetivo deve ter uma verdade que possua um valor único. Ela é então um habitante da Realidade, um aspecto da Existência que é sempre perfeito, diferentemente do vir a ser que é evolução. A frase "idealmente belo" é usada para distinguir a verdadeira qualidade do que pode ser considerado como belo, que poderia variar com os indivíduos. Pela mesma razão, a expressão "forma pura" usada no título deste capítulo é preferível à frase "forma bela", já que o conceito de pureza não permite essa latitude em compreensão e interpretação que é encontrada em noções do belo. Nada é ideal ou verdadeiramente belo que não seja puro, no estrito sentido da palavra.

Em que consiste a pureza? Como surge o conceito ou sentimento de pureza? A água em um vasilhame é pura quando não contém substância estranha. O álcool é puro e potente quando não diluído e não é misturado com outras substâncias que têm propriedades diferentes.

Existe pureza em uma consciência individual e, seguindo-a, na natureza do indivíduo quando, nessa consciência, que é a própria sensibilidade, nada estranho exista em sua natureza oniabarcante; nada que a qualifique, deprecie ou colore; nenhuma mudança ou formação encobrindo sua sensibilidade, criando, assim, remendos de inércia opaca; nada limitando a liberdade de suas respostas e ação. Então, o que quer que a toque evoca uma resposta da plenitude de si mesma, mas sem alterar sua natureza. A natureza de sua resposta e ação, não limitadas por quaisquer elementos de resistência, assume em cada exemplo específico uma profundeza apropriada. As respostas e a ação jamais são superficiais, mas de profundezas que existem.

Qualquer objeto, forma, ideia ou movimento que seja apresentado a essa consciência e que se sinta como puro, é puro. Somente em uma consciência assim é que a essência de uma coisa – o que quer que essa coisa possa ser – é isolada e percebida.

A pedra de toque da Verdade, como também a da beleza, está na consciência que é pura e permanece em seu estado prístino. Mas tem que ser despertada para aplicar essa pedra de toque. A energia una Universal, a energia Vital ou Espírito, pode atuar sobre essa consciência a partir do interior por causa de sua sensibilidade infinita, e criar um canal apropriado para sua expressão. A consciência então desabrocha, floresce, expõe suas capacidades latentes que, nesse estado intacto, não são capacidades aprendidas de alguma fonte externa, como aprendemos uma técnica, mas são modos de ação inseparáveis de sua unidade e liberdade ou, para expressar a mesma verdade de modo diferente, inseparáveis do Espírito.

Uma consciência assim é como uma caixa de ressonância e as cordas de um violino. A energia do interior, que é puramente espiritual, atravessa-a e preserva sua unidade em meio aos múltiplos modos de ação que lhe são possíveis, cada modo uma forma de harmonia. Suas possibilidades de ação, isto é, as formas possíveis de harmonia, são ilimitadas.

A música do Espírito é a expressão própria da natureza do Espírito, e sua energia, seguindo sua natureza, sua tendência, sua lei, experimenta a máxima liberdade.

Não há liberdade em um estado não desperto; pois esse estado é como um violino sem cordas, sem ressonância, sem a possibilidade de qualquer movimento dentro de si mesmo, de qualquer impulso de criação. É o alento do Espírito, seu fogo frio, o despertar que ocorre, que transforma esse sólido aparente em águas encrespadas, ressonantes.

A verdade na ideia, a beleza na forma, estes são os correlativos internos e externos. Cada um atesta o outro. São os dois lados, subjetivo e objetivo, da mesma manifestação autocontida.

É interessante notar que Platão, na visão que tinha das Ideias, chamava-as de "Formas", mostrando assim que cada ideia, por mais subjetiva que seja, possui uma individualidade, essa individualidade é a forma no plano de ideação; mesmo nesse plano já estamos no mundo das formas.

Em qualquer tentativa para criar o idealmente belo no Plano Físico, em qualquer que seja o meio, a tentativa será bem-sucedida na medida em que a forma reflita o ideal. Da forma, a visão e a intuição do observador são levadas à ideia, por mais sutil, distante e indefinível que seja. Pode ou não haver uma tentativa consciente de assim fazer por parte do criador da forma, que pode estar interessado apenas na sua criação. A orientação ocorre ao longo de canais que são subconscientes, por meio de sugestões delicadas e imperceptíveis. Um mito ou fábula habilmente construído para sugerir uma verdade sutil é um exemplo de tal orientação. A ideia que está representada na bela forma de um gesto, uma pose ou movimento (como em algumas danças clássicas que almejam linhas e formas idealmente belas) não é necessariamente o sentimento, ação ou coisa que é expressada nas palavras ou lendas que acompanham a dança. As palavras podem ser totalmente trocadas ou omitidas, mas a forma tem seu próprio significado intrínseco e irá sugerir diferentes coisas a diferentes mentes; essas sugestões são diferentes abordagens à ideia intrínseca ou real que a corporifica, e que é sutil como uma verdade matemática, capaz de simbolizar diferentes fatos fenomenais.

A criação da beleza ideal em uma forma, seja de pensamento, palavra, música, escultura, pintura, arquitetura ou dança, tem este efeito: toca, nos observadores ou ouvintes, quando são suficientemente calmos e sensíveis, aqueles centros de consciência que são receptivos à ideia refletida na forma, e assim ajuda a consciência a estar ativa em um plano mais próximo da Realidade, que ela normalmente não toca, da qual infelizmente excluiu a si própria.

O Ser Supremo

Sempre houve indivíduos que especularam a respeito da origem e fim das coisas, a respeito da existência e natureza de uma unidade fundamental subjacente à diversidade das coisas, uma possível substância original da qual tudo surgiu, uma fonte comum de todas as forças e energias manifestas nas inúmeras formas e fenômenos da Natureza.

Um filósofo fala do Fogo (evidentemente significando uma energia ígnea) como a origem de tudo, como o principal deus, um agente unitário; outro fala da Água como a substância subjacente, a grande profundeza que é tanto o ventre quanto o berço da Natureza. Existem referências semelhantes ao Éter, Ar, e Terra como elementos fundamentais. Os estudiosos modernos estão perplexos com estes termos, que para os filósofos antigos não tinham esse significado literal que lhes atribuímos, mas tinham um certo sentido técnico e inclusivo. Quando os filósofos louvam estes diferentes símbolos como o mais importante princípio do Universo (por exemplo, nos antigos hinos indianos), eles estão abordando, cada um à sua própria maneira, as mesmas verdades fundamentais.

Entre os vários termos usados pelos antigos filósofos do Ocidente, tanto antes quanto depois de Platão – um, que na Filosofia atingiu uma grande profundeza de significado e importância, contrastando com as débeis e incertas interpretações dos estudiosos modernos, é a palavra "*Logos*". Ela era entendida de modo variado nos contextos dos antigos escritos como a Fonte de vida e inteligência; a lei do processo mundial; o mediador entre Deus e o homem; a razão Divina; o Princípio Cósmico unitário. Tudo isto é desconcertante para uma pessoa que não tenha apreendido a esplêndida totalidade de que estas descrições são diferentes facetas, seja por um ensinamento tal como temos na moderna Teosofia (moderna na forma, mas em essência a Sabedoria mais antiga) ou por algum instrutor que conheça a verdade a respeito dessas questões.

Quando a verdade é compreendida, cada uma dessas ideias do passado encaixa-se em seu local apropriado. Obtemos uma concepção mais completa da Realidade a ela subjacente sintetizando o que quer que nela seja verdadeiro. Todas as ideias que resumimos sob o título de Teosofia estão estreitamente relacionadas entre si, compondo um todo racional, de modo que na consideração que delas temos somos capazes de permitir à razão, não à fé cega, ser nosso guia. Podemos, no entanto, aceitar certas verdades como hipóteses se, por sua própria natureza, elas permanecerem fora do campo dos fatos demonstráveis e ainda auxiliarem nossa compreensão.

Razão implica o estabelecimento de relações, e tudo que podemos conhecer deve de alguma maneira estar relacionado a nós. Mas o que existe para conhecer não é o mesmo que conhecemos atualmente. Conhecemos muito pouco até de nós mesmos. Mas quando, em algum grau, tivermos atendido ao conselho, "conhece-te a ti mesmo", esse conhecimento deverá, através das relações existentes, levar-nos todos a outro tipo de conhecimento. Se existe a Razão Divina dentro de nós, ela deve transcender as limitações da razão que empregamos, possuindo não apenas a habilidade para se mover das premissas às conclusões, mas também o poder de separar o verdadeiro do falso, o poder do Raio que busca e determina a verdade das coisas. O que essa Razão trouxe à existência, seu reflexo, ou seu Raio em nós mesmos, consegue explorar e descobrir. Se nos deparamos com um Absoluto não relacionado a tudo que conhecemos, que não conseguimos derivar de nenhuma maneira das premissas de nosso conhecimento, precisamos fazer um ato de fé e postulá-lo. Mesmo então, se aceitamos o Absoluto como um conceito é porque ele supre uma necessidade em nosso pensamento, sugerido pelos processos lógicos, e parece garantido pela experiência de incondicionalidade em diferentes formas que tivemos.

Fogo e Água simbolizam acima de tudo a energia de *Purusha* ou Espírito universal, e a receptividade da Raiz de Matéria ou *Mūlaprakriti*, respectivamente. A Água é um símbolo apropriado da matéria por causa de sua divisibilidade e adaptabilidade a qualquer forma que lhe seja possível em qualquer circunstância. O Fogo divino penetrando esse estado original de Matéria, igualmente considerado como divino, causa todas as modificações no Universo. Segundo Heráclito, que foi o pretenso originador da ideia do Fogo, todas as coisas estão em um fluxo – uma afirmação que é plenamente apoiada pelos fenômenos evolutivos e pela análise da ciência. Esta mudança universal, a que o Budismo também se refere sob a verdade da Impermanência, é o resultado da operação da Energia una, que assume diversas formas no processo universal, penetrando os diferentes estados ou combinações de matéria. Aquele que penetra plenamente a interioridade dessa verdade consegue ver a razão para a afirmação de que o Fogo é o mais puro de todos os elementos e está na raiz de todos os fenômenos.

A energia descrita como Fogo desce do nível espiritual, onde tudo deve existir em uma condição diferente daquelas obtidas nos níveis mais grosseiros, e, assumindo um caminho descendente, penetra primeiramente os níveis psíquicos, simbolizados pela Água, e depois a

Terra de pura materialidade. Posteriormente se eleva da Terra sob a forma de Água e novamente retorna no estado original de Fogo puro não alimentado pelo combustível terreno, uma chama sem fumaça. Isto está de acordo com a visão cíclica da manifestação que começa de cima, do plano espiritual. À subida segue-se a descida no ciclo da existência terrena do ser humano, uma imitação do ciclo da manifestação cósmica.

A palavra "Fogo" é usada para indicar certa intensidade de ação divina e as transformações que produz, mas a ação pode ser construtiva ou destrutiva. A Energia una, que é a *Shakti* de Shiva, na cosmogonia indiana, atraída por certas condições, cria ou regenera e, sob outras condições, destrói. Existe fogo em toda planta e árvore, pois em todo processo de crescimento há forças atuando intensamente para produzir a condição do momento seguinte.

A ideia do Fogo como símbolo da Deidade e como um Princípio onipresente na Natureza é encontrado no Zoroastrismo. O primeiro Zoroastro falou do *Logos* manifestando-se como Fogo. Estes símbolos antigos não foram usados arbitrariamente, mas têm um significado profundo, e aquele que pondere sobre eles descobrirá algo da natureza das coisas simbolizadas. O fogo representa uma qualidade ígnea, uma qualidade que é irresistível, e que é a causa da mudança ou transformação que ocorre o tempo todo. O Fogo, se incluirmos o fogo elétrico – e deve haver outros fogos também – consome tudo, menos a si mesmo. Seca as águas – embora não a fonte das águas, que é eterna – quando chega o momento de um Universo particular terminar.

A manifestação, por surgir do interior, a partir de uma natureza de subjetividade, deve ser o produto da vontade. Usa-se também a palavra "desejo", indicando seu movimento descendente natural às condições objetivas. Porém, não é uma vontade cega, mas uma vontade imbuída de Inteligência perfeita. As forças que fluem dessa vontade transmitem a atuação dessa Inteligência a todas as suas ramificações. Se as forças forem consideradas como fios de uma energia simples, é a energia da Ideação cósmica ou pré-cósmica, como diz H.P. Blavatsky. Sendo o Cosmos periódico – nenhum outro conceito dele é realmente racional – seu surgimento a partir da Mente Divina, que é em si mesma uma projeção ou expansão do eterno Sujeito, traz consigo a torrente de ideias nessa Mente. Segundo este ponto de vista, a Mente – que não é a mente como a conhecemos, mas seu númeno – está na retaguarda até mesmo da Vida no Universo manifestado. Essa é a ordem aparente para nossa mente diferenciadora. Mas são dois aspectos de uma Realidade, contemporâneos e consubstanciais. A existência (*sat*) na filosofia indiana é inseparável da consciência (*chit*) que dá origem ao pensamento.

A força como a vemos no campo da matéria é mecânica, cega e brutal, e imaginamos a inteligência, a autodeterminação, a vontade e o pensamento como tendo uma qualidade diferente da força. Esta, ademais, é uma separação que encontramos nestes mundos inferiores onde aquilo que era um, sendo tanto Energia quanto Substância, está polarizado ao máximo. Portanto, a verdadeira natureza das coisas está pesadamente velada de nossa visão; mas à medida que ascendemos do nível grosseiro para um nível mais sutil, existe uma crescente unificação de diferentes processos que não pareceriam possíveis aqui embaixo. À medida que seguimos rumo à origem das coisas, que deve ser uma Fonte eternamente presente, força e inteligência não precisam ser duas coisas separadas; devem ser dois aspectos de uma realidade que compartilham as características um do outro. A Vida é uma energia, mas é também consciente. Ela segue a pegada de uma evolução inteligente operada com forças diferenciadas.

Cada força funciona como um instinto na Natureza, segundo uma lei de ação oculta, uma inteligência oculta que parece saber como deve agir, qual é o fim a ser alcançado, e quais são os meios pelos quais esse fim pode ser produzido. E neste aspecto espiritual, a Inteligência não se acomoda, por assim dizer, incapaz de fazer alguma coisa, mas busca algum agente para realizar sua vontade. Inteligência e vontade operando juntas moldam os meios com os fins, e assim dão origem à ação segura sem se desviarem do plano dessa Inteligência. O poder de ser uma causa eficiente está mesclado com a Inteligência divina, universalmente presente na Natureza. Mas uma causa menor sempre age dentro dos limites marcados por uma causa maior. Temos assim, uma hierarquia de Inteligências, uma hierarquia de causas.

Segundo os filósofos que se aprofundaram nestas questões, todas as coisas evoluem através do *Logos*, a Voz ou a Palavra, através do qual é manifestada a Razão Divina ou a Sabedoria Divina. Ele – a personificação deve ser compreendida apenas como implicando a presença de energias, aspectos e qualidades que podem ser mesclados em uma forma de beleza, quando objetivados – é a Causa das causas, o gerador de Luz e Vida, segundo Philo, o filósofo Alexandrino. Na Filosofia Hindu, existe o conceito de *Brahman*, o Supremo, em seus dois aspectos, com e sem qualidades. No aspecto anterior, Ele é o supremo *Purusha*, o poderoso Homem Universal. Mas dentro do próprio Universo, identificado com sua substância, o *Logos* não é uma pessoa, mas uma Lei ou Princípio que governa e dirige os processos mundiais, e essa visão reflete um conceito proeminente no Budismo. Se pensarmos no *Logos* e no mundo como dois aspectos separados, mas intimamente relacionados, o mundo representa o vir a ser, mas esse vir a ser está sujeito à Lei, que é a natureza do *Logos*. Todas as coisas contidas no processo mundial são impelidas e guiadas misteriosamente a partir do interior. A natureza do *Logos* e a lei que ela constitui operam tanto dentro quanto fora de cada Ser e unidade individual.

Os escritores modernos sobre este assunto acham difícil entender que matéria e Deus sejam dois aspectos de uma unidade que vem a ser, ou mostra-se como sendo, uma dualidade. Essa ideia é encontrada na escola dos Estoicos, que ensinavam, como nas *Cartas dos Mahatmas para A.P. Sinnett*, que matéria e Deus – ou qualquer outro termo que possa ser usado para este último – não são separados. São dois aspectos que surgem de uma fonte unitária, sendo Deus, nesta visão, o *Logos* manifestado, não o Deus que é essa fonte. A manifestação é sempre dual; assume a forma de ação ou movimento dos dois polos de Espírito e Matéria, e tudo que encontramos no Universo é resultado destes dois movimentos, centrífugo e centrípeto. Um aspecto sobe e o outro desce, encontrando-se em certos pontos que ligam o inferior com o superior, isto é, suas esferas respectivas.

Um dos significados dados a palavra "*Logos*" é que, como Ele está presente em cada coisa, Ele contém na forma de Sua presença a fórmula de seu desenvolvimento. Em cada coisa individual, em cada tipo, em cada espécie, há um padrão que determina sua evolução. Cada padrão é diferente dos outros. A semente de lótus tem em si toda a configuração do lótus, e assim ocorre com todas as outras coisas; para cada uma delas existe uma forma final de perfeição. Uma vez que existem inúmeras coisas no Universo, cada uma levando dentro de si a forma de sua unicidade, existem inúmeros *Logoi*. Embora possamos concebê-los como diferentes entre si, como a rosa é diferente da palmeira-real ou do lótus, não são tantos *Logoi* não relacionados, mas são todos fatores de um *Logos* ou emanações da Unidade.

Isto pode ser descrito como monismo panteísta. Corporifica um conceito de Unidade na pluralidade. Se existe verdade na ideia de uma unidade, existe também verdade na pluralidade, no que diz respeito às nossas percepções. É difícil entender a relação do Um e dos muitos, conceber esses *Logoi* como poderes independentes, contudo e ao mesmo tempo como aspectos ou raios do Sol central e inextinguível.

Fala-se da doutrina da Trindade como um mistério profundo. Como a Trindade surge da Unidade? Igualmente, se existem sete *Logoi*, como as sete cores do espectro, ou as sete notas da escala musical, através de quem provêm vida e luz, como surgem os sete? O *Logos* é descrito como o Oculto do oculto e o Senhor de todos os mistérios. Quanto mais sondarmos essas descrições, mais significado nelas encontraremos. O significado é profundo, enquanto as palavras são várias e diferentes. Juntos compõem um conceito do *Logos* que na realidade é um resumo de todo o Universo em sua natureza subjetiva ou subjacente.

Se imaginarmos o *Logos* como um ponto, que na verdade é adimensional, esse ponto é o centro de uma irradiação infinita. Passa através dele uma infinidade de linhas; esta é também uma concepção puramente geométrica, pois na verdade jamais conseguimos ver uma linha que consista de pontos em certa ordem. Todo ponto pode ter inúmeras linhas desenhadas através dele. O ponto, neste símbolo, está ligado ao Universo externo por essas linhas. Se pensarmos no ponto como a origem, ou o *Logos* em manifestação, então essas linhas são Inteligências que emanam do *Logos*, como também poderes ou aspectos de Seu Ser.

Pensamos primeiramente no ponto, e depois nas linhas. Mas quando existe o ponto, lá estão também simultaneamente as linhas das quais o ponto é o centro de interação comum. Se pensarmos no *Logos* como a Unidade, Ele é também uma multiplicidade de Inteligências que parecem estar separadas Dele, mas são realmente aspectos Dele. Neste conceito temos de reconciliar a distinção, a individualidade das Inteligências operantes com a unidade espiritual que lhes é inerente. O ponto é a origem e o centro e também uma síntese. É o início de uma manifestação total, como também de todas as manifestações individuais, e nele todas as manifestações individuais são finalmente sintetizadas e resolvidas.

Se o Um se decompõe em sete, como a luz branca se decompõe em sete cores, os sete compõem o Um, mas também são distintos dele. Eles constituem centros de ação, cada um com sua própria natureza ou atributos individuais. Embora perfeitamente coordenados, eles são como centros no corpo ou no cérebro que age como um todo. Os sete são manifestações – não criações – do Um que aparecem simultaneamente com ele.

A extraordinária natureza deste fenômeno é ilustrada no princípio mental, que foi descrito por Platão como um composto "do mesmo e do outro". Existe na Natureza um processo de vir a ser e a própria palavra vir a ser implica a presença de um ser ou natureza subjacente a todas as fases desse processo. A mesma pessoa é a criança, o adulto e o idoso, embora em cada fase ela pareça e seja, em muitos aspectos, diferente. Cada ser humano é uma entidade individual, livre para criar seu próprio caminho, embora limitado por seu próprio *Karma*, mas está evoluindo através dessas várias limitações para se unir livre e voluntariamente à Fonte da qual caiu. Assim, quando se tiver reintegrado, podemos concebê-lo como um centro de pensamento e ação independente, que ele foi o tempo todo, mas agora perfeitamente coordenado com os outros centros na esfera do pensamento do *Logos*, separado, embora um com Ele. No todo, unidade e multiplicidade são ambos fatos simultâneos. A unidade cria a diversidade, se pensamos em sua ação na matéria, mas dentro da própria unidade existe a possibilidade de múltipla ação que pode criar uma multiplicidade.

Em *The Fourth Gospel and the Logos Doctrine*, R. G. Bury dá algumas definições do *Logos* de Philo, e usa os adjetivos "desconcertante" e "desorientador" com referência a eles. Definições que são traduções de uma língua para outra, frequentemente não conseguem transmitir a conotação original. É este também o caso com a maioria das palavras sânscritas de significação filosófica. O *Logos* é chamado por Philo de "A Mente ou Razão de Deus", e também como "a soma das ideias que constituem essa Mente". Em outro local, ele fala do *Logos* como segundo Deus, a "Deidade Imanente". É óbvio que pelo primeiro Deus ele quer dizer o Um autoexistente, que é o Absoluto ou *Brahman* sem atributos. Se entendermos que Deus significa o Um autoexistente, quem ou o qual é a base de Tudo, o *Logos* ou a Palavra é uma emanação d'Ele. "No início era a Palavra. A Palavra estava com Deus". Aqui há uma clara distinção entre a Palavra e Deus, embora se afirme também que "a Palavra era Deus".

O próprio *Logos* é tanto transcendente quanto imanente. Sri Krishna, falando na *Bhagavad-Gītā* como o *Logos* no interior do indivíduo assim como do Universo, diz: "Tendo estabelecido este Universo com um fragmento de mim mesmo, Eu permaneço". Mesmo se pensarmos no *Logos* de um sistema, não é a totalidade do *Logos* que está corporificada nesse sistema, mas apenas um fragmento. Dizem que suas atividades fora do sistema são muito maiores do que dentro dele. Com relação a cada *Logos* na ordem dos *Logoi*, seria verdade que Ele pode expressar somente um fragmento de Sua natureza em qualquer sistema. Ele cria pela simples razão de que a criação, porquanto seja uma expressão ou manifestação d'Ele, deve significar uma limitação d'Ele mesmo.

Não podemos separar a Mente divina das Ideias divinas, porque ela é uma Mente perfeita. Não pode ser desorganizada ou não organizada, buscando, desgarrando-se, como nossas mentes. *Manas* é o Princípio pensante. Quando o pensamento é perfeito e compreende tudo que precisa ser compreendido em uma ordem perfeita, então ela é um Universo de ideias, e essa deve ser a natureza da Mente divina. Pode-se pensar no conteúdo dessa Mente como os arquétipos rumo aos quais tudo está evoluindo.

Outra definição é: "O *Logos* é o primeiro Filho gerado cuja Mãe é a Sabedoria". Ele é Hórus, o filho de Osíris e Isis. A Mãe é a Raiz de Matéria ou *Mūlaprakriti*. Aquele que tem as qualidades do sempre livre e é em si mesmo Espírito incognoscível, e ainda manifesta essas qualidades nas limitações de Forma ou Matéria, pode ser considerado como gerado de ambos.

Ele é também chamado de a imagem ou cópia de Deus; mediador entre Deus e o mundo material. O *Logos* manifestado deve ser uma imagem de si mesmo no estado imanifestado, e o elo entre a Deidade Absoluta e o mundo de matéria no qual essa manifestação ocorre. Supõe-se que a ideia de *Logos* surgiu como um meio de transpor o abismo entre Deus, que reside para sempre no Céu e na Terra. Céu e Terra tipificam aqui o estado transcendente e as limitações de Sua imanência.

Filho, Mediador (não no sentido de um intercessor, como na teologia cristã), Agente, são vários os títulos usados para transmitir Seu *status* e funções. O *Logos* é descrito como a Individualidade única ou Ego do qual todos os Egos em evolução são reflexos. Ele só pode ser um Ego no sentido puramente filosófico, embora seja também o foco da Mente universal. A palavra "Ego", como aqui entendida, nada tem a ver com egoísmo, que é um produto de reações, mas descreve uma Individualidade perfeita ou autocontida, comparável a um esferoide, para usar um símile material, uma unidade de consciência e centro de ação. Ele é também descrito como o Homem Celeste, porque é o protótipo do indivíduo terrestre formado à sua imagem. Nas estâncias d'*A Doutrina Secreta,* de H.P. Blavatsky, consta que "Ele brilha como o Sol" – lembrando a descrição "Montanha de Luz" nos livros hindus – e "Ele é o Dragão Flamejante da Sabedoria".

Essas descrições surpreendentes, e muitas outras, mostram apenas que, como se diz de *Vishnu*, o Onipenetrante na cosmologia hindu, também chamado *Mahā-Vishnu* em Seu aspecto supercósmico, Seus nomes são inúmeros, porque sua natureza é múltipla em sua unidade. Nas palavras da *Bhagavad-Gītā*, "Ele é considerado maravilhoso; como maravilhoso outro fala Dele; como maravilhoso outro ainda ouve falar Dele; contudo tendo ouvido, ninguém na verdade compreende".

Em todos os conceitos com os quais a realidade do que Ele é tem sido cercada por aqueles que dela tiveram um longínquo lampejo de alguma maneira direta ou indireta, a única dificuldade que mais do que qualquer outra parece ter perturbado o antigo pensamento cristão é o lugar do Espírito Santo com relação a Ele. O "Espírito

Santo", uma influência sutil, radiante, impessoal embora potente, é o terceiro membro da Santíssima Trindade na teologia cristã, sendo os outros dois, o Pai ou o Deus invisível, e o Filho ou o *Logos* em manifestação. É impossível que essa influência – o poder que irradia – seja independente do *Logos*, pois Ele é o início e o fim de todas as coisas criadas, como Sri Krishna, falando como o *Logos*, diz na *Bhagavad-Gitā*. A influência deve fluir através Dele e a partir Dele. Pode-se pensar no *Logos* como nascido da Luz ou como a fonte da Luz que penetra a natureza das coisas – a Luz imanente.

A relação do Filho com o Pai deve ser um mistério para nós. A possibilidade de alcançar o plano desse mistério só pode existir para aquele Princípio ou natureza em nós, latente como deve ser, que é capaz de se elevar a esse estado. Na *Bhagavad-Gitā*, Sri Krishna fala de suas duas naturezas – a natureza que penetra o campo da Matéria, e a Natureza Divina, que é a Luz onipresente que se arremete sobre a matéria, como as ondas do oceano rebentam na praia, nela imprimindo as Ideias Divinas.

Essas descrições são de grande interesse, mas o quão real elas são para nós e de que maneiras podem ajudar nosso pensamento prático depende de nós mesmos. Cada um coloca nesses tipos de sugestões – elas não podem fazer mais do que sugerir a Verdade – o conteúdo de sua própria consciência. Uma ideia tal como a do *Logos* pode ser a mais maravilhosa ideia concebível, se receber um significado que brotou das riquezas da própria consciência individual; ou pode nada significar. Pode tornar-se uma palavra que está investida de conotações que não estão relacionadas à Realidade, ou pode mesmo ser o reverso da Realidade.

Há uma diferença entre metafísica e Ocultismo. A metafísica (literalmente, o que jaz além da física) busca explorar tanto a mente quanto os fenômenos da matéria pelas verdades que postula. O Ocultismo está relacionado com a força, realidade e vida. A metafísica não precisa diferir do Ocultismo em seus aspectos teóricos, mas às vezes o faz. O que quer que não nos toque de modo vital tende a se tornar irreal. Tudo que é dito a respeito do *Logos*, por exemplo, pode parecer remoto e fantasioso para uma mente que não tenha apreendido sua realidade. Mas o *Logos* não é algo distante e abstrato; Ele é uma realidade existente aqui e agora. É como um raio no coração de cada pessoa, iluminando-o, talvez apenas fracamente, moldando-o sutil e gradualmente, de modo que possa se tornar uma coisa de beleza singular, um instrumento perfeito para transmitir uma mensagem que está esperando para ser proferida. É dentro de nossos próprios corações que podemos sentir essa presença universal. Quando assim fizermos, será para nós uma realidade tremenda, ao lado da qual tudo mais empalidece em absoluta insignificância.

Ser e Vir a Ser

A Natureza é um vir a ser, pois representa um processo universal ao qual esta palavra é aplicada do ponto de vista de algo dentro de cada coisa que vem a ser – a natureza da coisa, sua vida e consciência. A palavra vir a ser implica uma continuidade. Aquilo que se tornou o que é agora, é em essência a mesma coisa que era, embora diferente. A mudança que ocorre é descrita de outro ponto de vista pela ciência como evolução, mas sem esta conotação psicológica. Os velhos tipos se foram, mas dos velhos algo de novo e melhor surgiu.

Todo indivíduo apresenta em sua natureza externa o aspecto de um vir a ser. Ele está mudando o tempo todo. Isto é verdade não apenas com relação a cada indivíduo, mas com relação a cada coisa ou vida na Natureza.

Contudo, em meio a este vir a ser há uma natureza que está sempre no estado de ser. O *Logos* que está em todas as ramificações da Vida Una manifesta Sua presença em cada coisa individual como um estado de ser que subjaz a essa individualidade. Não podemos deixar de pensar nesse estado como sendo perfeito, pois ele é uma forma de Sua manifestação. Ele deve ser perfeito, seja em infinidade ou entre limitações que são as definições de sua finitude. Toda individualidade, toda forma tem de ter uma definição, e é necessariamente limitada por essa definição.

Sri Krishna, na *Bhagavad-Gitā*, falando como uma encarnação do *Logos*, diz: "Eu sou o Eu estabelecido no coração de todos os Seres", e descreve a Si mesmo como a essência de cada tipo distintivo de ser encontrado no Universo. Este é o significado da Imanência Divina. Se ele está presente em cada coisa, Ele deve estar lá sem estar envolvido no vir a ser, mas em um estado de perfeição apropriado a cada coisa particular, isto é, naquele estado que representa sua perfeição futura. Em um estado perfeito não há necessidade de mudança para algo mais, e não há causa exigindo tal mudança. Todavia, pode haver um desabrochar, que é uma revelação ou florescimento do que eternamente é. Pode haver algum tipo de perfeição que não seja como aquela de um vaso, definida e estática, mas constantemente mudando, como a expressão em um rosto ou o encanto de uma bela personalidade. Sri Krishna é considerado como a quintessência de tal perfeição, sendo a mudança tipificada pela música de Sua flauta.

Se conseguirmos imaginar o Ser Divino como residindo de alguma maneira misteriosa ou mística em cada indivíduo, Ele deve estar lá em um estado que, por causa de sua perfeição, não precisa tornar-se diferente do que é. A perfeição é uma integralidade, um fim em si mesma, e não um meio para um fim, mesmo se for uma perfeição limitada. Ela representa um pico além do qual não se pode ir, mesmo que haja outros picos.

Existem, certamente, inúmeros estados compondo o processo de vir a ser para cada coisa individual, alguns permitindo mais de uma revelação da natureza do ser interno do que outros. Mesmo que todos sejam deuses em essência – "Não sabeis que sois deuses" – a divindade é mais aparente em um do que em outro. Em cada estágio do vir a ser o Ser central está desabrochado em uma medida que realiza as possibilidades nesse estado.

O uso da palavra "medida" não precisa implicar imperfeição. Pode-se imaginar um estado de ser em cada coisa como um círculo perfeito, que é usado como um símbolo de Eternidade, já que não tem início ou fim. Pode haver uma infinidade de círculos, variando em magnitude do infinito a um ponto, mas qualquer que seja a magnitude, cada círculo é completo em si mesmo.

Imagine-se, então, uma série infinita de círculos concêntricos, todos representando um e o mesmo Ser, e um alargamento contínuo no plano desse Ser. De outro ponto de vista, que compreende uma nova dimensão, pode-se pensar nos círculos como seções de uma esfera perfeita perpendicular a um de seus diâmetros. Todas essas seções, das quais haveria uma infinidade, constituiriam a totalidade do Ser ao longo desse diâmetro, que é uma das extensões de seu centro, havendo um número infinito de diâmetros ou extensões. Assim, a natureza do Ser, abordada de qualquer direção, através da qualidade inata de qualquer forma arquetípica, é uma, embora infinita, imutável em sua unidade, mas variando em sua autorrevelação.

O que o Ser pode significar para nós? Ser é um estado perene de integralidade no qual não existe vazio, um estado tal como experimentamos em um momento de total amor ou perfeita beleza. É um estado absoluto que, quando ocorre, rompe a continuidade do relativo. O movimento de nossas mentes dá-se por associação de uma coisa com outra. Mas ocasionalmente a consciência – ela mal pode ser chamada de mente, que implica uma certa ação no campo da consciência – cai em um estado que é completo em si mesmo. Quando a experiência é assim completa, ela não tem relação de continuidade com o que se passou antes ou com o que virá depois. Em um movimento de continuidade a condição que existe a qualquer momento não é autocontida, portanto é imperfeita. Mas no momento de incondicionalidade, a associação que chamamos tempo é rompida.

A integridade consiste em um estado que é indiviso, isto é, uma unidade. Existe uma unidade por trás de tudo. Se o *Logos* retém Sua natureza de unidade em cada manifestação de Si mesmo, não há partes mesmo nessa manifestação, no sentido de elementos discordantes ou dispersos que contribuam para um vir a ser. Aquilo que é um está perfeitamente integrado e é sempre um absoluto.

O estado de Ser em qualquer indivíduo é um reflexo do Ser universal, uma integralidade que está incluída numa integralidade maior. Quando sua natureza é tocada ou refletida em nossas mentes em um momento receptivo, traz consigo um senso de unidade, um sentimento de comunidade ou comunhão com os outros. O sentimento de que o outro é diferente e separado é esquecido por um instante. O outro é diferente, sim, mas não separado. Este sentimento interno é amor; mas é amor sem posse e autossatisfação.

O amor jamais é autocontido; ele é expansivo; ele é, juntamente com o saber, a própria natureza do sujeito puro, e brilha sobre um objeto como a luz do sol deve brilhar sobre uma árvore. Possui, como a luz, seu alcance e espectro e evoca do objeto de amor sua qualidade inata. É um estado de Ser que contém a si próprio. É tanto um estado autocontido quanto uma radiação. Quando há uma condição de harmonia, ele é autocontido, contudo os tons dessa harmonia podem exercer o mais amoroso efeito sobre todos que lhe sejam receptivos. É como o fogo em uma pedra preciosa, que é tanto inativo quanto resplandecente.

Quando há integralidade pessoal, um senso de plenitude, existe felicidade absoluta. Estar apaixonado representa esse estado. Quando uma pessoa está apaixonada, se o amor é puro (não uma simulação ocultando um motivo do eu) que busca dar e não receber qualquer coisa do objeto de amor, não há nele o desejo de ir além.

Ele é supremamente contente. Nessa integralidade existe beleza, a natureza de algo que é perene e imortal. A experiência da beleza é sempre uma experiência completa.

Embora ser e vir a ser sejam estados diferentes deve haver uma relação entre eles. Se não houvesse nenhuma relação nós, que representamos um aspecto do vir a ser, não estaríamos sequer em condições de imaginar a natureza do Ser. Esse relacionamento deve ser descrito como de pura cognição por parte desse Ser. À luz que emana do estado de ser quando está desperto e em ação, existe a possibilidade de compreender o processo de vir a ser.

Essa luz à medida que penetra o vir a ser cria a possibilidade de discernimento. A mente (*Manas*) quando está irradiada por esta luz, não estabelece um objetivo ou meta fora do estado de ser. Se quisesse algo fora desse estado, seria uma vontade falsa. A única vontade verdadeira é uma expressão natural do Ser, expressão essa que é então parte desse Ser. Pois se ser é um estado completo, nada pertinente a ele ou que dele emane pode estar fora de sua integralidade. O desejo por algo fora da experiência do momento revela sua imperfeição. No Ser Humano Perfeito, no estado de ser perfeito, não pode haver tal desejo. Todo desejo – toda ganância, toda ambição, todo medo – é uma distorção, não desse Ser que é harmonia integral, mas da aura, do revestimento externo, do meio que reflete e transforma, um tipo de penumbra, com o qual está envolto. A vontade do Ser puro é expressada em uma realização perfeita e natural; é uma expressão da harmonia que é, em formas cuja essência ou ideias animadoras estão implícitas no espírito e estado dessa harmonia.

Não "vir a ser" não implica uma condição estática ou contentamento com o eu. Ser é potencialmente e sempre um estado dinâmico. Geralmente é movimento. É "o movedor estático". É o Ser uno onde repousa enrolada a serpente da Eternidade, cujos movimentos são as energias universais. O que torna o movimento errado é esse vir a ser que sonha com autoglorificação e autoexpansão.

Quando a palavra "Ser" é usada, como em referência ao Ser Supremo ou o *Logos*, acrescentamos ao conceito que formamos certo senso de egoidade, uma nota de autorreivindicação humana ou pelo menos de autoafirmação – eu sou eu – que é nossa experiência constante de nós mesmos. Mas o puro Ser não envolve tal autoprojeção consciente. Ser é simplesmente existência (ignorando por enquanto a significação de "ex" na palavra "existência"). Não há cisão entre Ser em nenhuma forma que seja um ser individual, e sua fonte ou raiz universal, como também não pode haver cisão entre o *Logos* manifestado e o Imanifestado, embora pareça com uma dualidade.

O tipo específico de perfeição rumo ao qual cada coisa está evoluindo, juntamente com todas as outras coisas, forma um todo, porque são todas elas aspectos do Ser Uno que é eternamente perfeito. A perfeição de cada coisa é uma seção da Perfeição total. O Ser de um e de todos é o início, o coração e o fim de cada vir a ser individual. A consciência que é atemporal repousa em cada ser individual, que é um com todos os outros seres, cada qual expressando um aspecto do Ser Uno. Quando a consciência não está envolvida em qualquer vir a ser, permanece Ser, e é una com esse Ser.

A Natureza da Sabedoria

O que é sabedoria? O que é o conhecimento? Sabedoria é uma qualidade do sujeito puro, e reside na maneira como ele vê e responde. Ela muda constantemente, não em sua própria natureza que é uma potencialidade pura, mas em sua ação, por causa de sua infinita maleabilidade e iniciativa inexauríveis. A sabedoria, como o capítulo indica, é definitiva, como uma verdade já existente; ela é objetiva no sentido em que lá está, esperando para ser percebida e compreendida. É a sabedoria de Deus, poderíamos dizer – sendo Deus o sujeito último desconhecido além de todas as ideias; pois toda ideia é uma criação, e, portanto, um objeto. Poderíamos também chamá-la de sabedoria ou conhecimento do Eu Uno nela residente, também assim designar essa sabedoria ou conhecimento como pode ser alcançada pertinente a esse Eu. A sabedoria de Deus está em Sua natureza, e caracteriza Seus modos ou ação. A natureza do Eu Uno e de cada Eu – tendo os dois a mesma qualidade são o mesmo em essência – é uma natureza diferente de qualquer coisa que possa ser objeto de pensamento. A palavra "Eu" tem a conotação de uma identidade, mas refere-se a uma natureza na qual não há identificação com qualquer outra coisa que se apresente como objeto ou registro do passado. É um centro de ação e saber, não envolvido em um passado.

Sabedoria e conhecimento não são a mesma coisa, mas conhecer a si mesmo como se é, é ser sábio. Todo conhecimento foi certa vez dividido em *para* (superior ou supremo) e *apara* (inferior). O conhecimento de todos os objetos, das artes e das ciências é o conhecimento inferior. O conhecimento daquilo por meio do qual tudo mais é conhecido é o superior; é o conhecimento da natureza do sujeito, de Deus ou do Eu Uno quando está presente no indivíduo, sendo estes idênticos em Essência. O conhecimento do Eu é sabedoria, porque o Eu contém a essência de tudo conhecido ou a ser conhecido.

O que quer que saibamos, está dentro de nós mesmos, pois o conhecimento é um fenômeno subjetivo. Nós somos um, não divididos, no nosso Ser mais recôndito. O conhecimento de tudo com que entramos em contato está em nós mesmos, mas a essência desse conhecimento, o qual só é assimilável com a natureza mais recôndita do Eu, funde-se em sua unidade. O que está mesclado na unidade é a verdade reduzida a um ponto. Todas as expressões dessa verdade devem estar harmonizadas entre si. Segue-se daí que, se os pensamentos mais verdadeiros e mais belos, presentes em nossas mentes a qualquer momento, forem reunidos, eles comporão uma unidade perfeita e muito maravilhosa.

O Eu em sua pureza pode ser considerado como um ponto adimensional, porque tem uma natureza separada de tudo mais que existe. Mas em sua natureza de consciência é uma expansão, um círculo sem uma circunferência que a tudo abrange. Pelo fato desta consciência ser a própria sensibilidade, a mais sensível de todas as coisas sensíveis, ela pode conter um registro de tudo que abarca. Quaisquer que sejam os reflexos que caiam sobre ela trazem sua própria mensagem, que está registrada em seu carretel imperecível. E possivelmente existem reflexos emanando de todas as coisas simples que atravessam o Cosmos, nem todas nos níveis que percebemos. A possibilidade de todo conhecimento está presente no Eu, pois ele pode despertar para o conhecimento da alma, a natureza mais recôndita de cada coisa e de tudo.

A sabedoria divina expressa-se em tudo que seja grande ou pequeno. Ele ou Aquilo está em tudo: Sua natureza perpassa tudo; Seu propósito e inteligência governam tudo.

A Teosofia pode ser definida como a Sabedoria que está em todas as coisas, separadamente e *in toto*. Podemos não ser capazes de percebê-la, mas ela lá está. Só ficamos abertos a essa sabedoria quando o nosso coração está puro. A palavra "coração" é geralmente usada para denotar a natureza das afeições pessoais. Quando é puro, isto é, quando se recobrou, e é capaz de funcionar em sua natureza original, ele responde com grande beleza e profundidade. Ele vê e ama aquela beleza que constitui a alma em cada coisa.

Todas as coisas estão evoluindo neste Universo em evolução. Existe um desígnio em cada coisa que está sendo trazida à luz – crescendo, do nosso ponto de vista. Mas existe também um andaime que confunde o plano – não a mente do Arquiteto, mas a nós que vemos o edifício de fora. Mas em algumas coisas a construção chegou a um certo estágio de perfeição. Coisas tais como, por exemplo, um lótus ou uma rosa, ou qualquer bela forma viva proporciona uma abertura na mente do Projetista. Todas as coisas são vivas, do ponto de vista teosófico, embora haja gradações de vida e de ação.

Sabedoria não é conhecimento, pois o nosso conhecimento é apenas da forma. Mas é conhecimento do que a forma contém e existe para expressar. Estamos aptos a julgar o significado de qualquer forma ou coisa pela utilidade que tem para nós. Mas essa é uma visão extremamente limitada, concêntrica, individualista. Cada coisa na Natureza tem uma importância em si, contida em sua própria existência e funcionamento. Consequentemente a injunção é não matar, na medida do possível.

Existe uma qualidade inata em cada coisa que está em processo de manifestação, de buscar expressar a si mesma.

A qualidade ou natureza inata da coisa está em sua vida ou alma; o que a mantém junta – não a vida do material de que a forma é composta, mas a vida residente na forma que a integra e usa. Vemos a distinção no caso de um corpo humano, embora aqui chamaríamos a vida residente de alma. A palavra "vida" transmite uma impressão de energia, saúde, ação, expansão, beleza de forma e movimento; a palavra "alma" tem a conotação mais sutil de amor, profundeza de resposta, percepção, beleza no coração e na natureza pessoal. Mas vida e alma não estão separadas. Elas correspondem à energia do violinista e à melodia que ele produz. A forma, podemos presumir, adapta-se à alma de maneira aproximada. A forma é o que é, ou está no caminho para ser o que é – significando o caminho evolutivo – por causa da natureza de sua sensibilização.

A sabedoria divina, cuja natureza está na alma, flui para a forma através da vida que ela manifesta; o padrão da forma, os processos que nela atuam, toda a sua natureza, mesmo o que ela simboliza, tudo expressa algo da natureza dessa sabedoria. Poderíamos incluir a sugestão simbólica, porque todo fenômeno natural é um símbolo ou um sinal na Natureza que reflete uma ideia interna ou arquetípica.

O propósito para a existência de uma coisa deve, certamente, ser o serviço que ela oferece, sua parte no processo evolutivo, sua ação sobre todas as outras coisas. Uma vez que tudo que existe representa um certo fluxo de forças, tudo tem por objetivo ajudar todas as outras coisas, direta ou indiretamente. Isto resulta da verdade da relação das coisas.

Mas cada coisa individual existe também para si mesma como uma expressão da vida do Deus interior, preenchendo em sua existência parte do desígnio universal. O fim mais elevado é sempre um fim em si mesmo. A existência é esse fim, na eternidade, se não no tempo.

Vemos esta verdade ilustrada em um objeto de beleza. Ele existe como uma revelação de sua beleza, completo em si mesmo. O objetivo mais elevado de qualquer coisa existente é ser o que deve ser; não precisa de outra justificativa para sua existência. A suprema beleza de uma coisa inclui o modo como ela age com relação a todas as outras coisas; em um ser humano é a ação que ajuda o bem último em todo outro ser. Na mais elevada forma de beleza, isto é, quando a revelação é perfeita, existe a mais elevada importância de todos os pontos de vista.

Certamente que sabedoria implica o conhecimento do significado das coisas, importância a uma ordem de existência que inclui a coisa, e importância na coisa em si. O real significado de qualquer coisa está na manifestação de seu fim último. Um propósito que flui do início ao fim e que só é totalmente revelado no fim; é o propósito mais profundo e mais verdadeiro.

Existe um propósito em cada coisa, propósito na totalidade e no processo universal. Todos os propósitos subordinados surgem do propósito uno original, que pode ser descrito como uma realização da Vontade una ou da Vida una presente em tudo. Quando este propósito é realizado como pessoal, porque é inato na pessoa tanto quanto em todas as outras, há sabedoria. A realização é sempre na ação; ação, seja certa ou errada, verdadeira para essa vontade ou não, é uma revelação da natureza que age. O conhecimento dessa natureza é autoconhecimento. Só conhecemos a nós mesmos quando estamos perceptivos de como pensamos, sentimos e agimos.

Natureza e ação são correlativas em cada estágio e, por fim, sinônimas quando há uma condição de unidade na pessoa. Ação é sempre um fluxo de energia. Se não há fluxo ou se a ação seguir uma direção errada, significa que a natureza que circunda o Eu não é sua natureza verdadeira, sua expansão; é uma natureza emprestada de seus contatos. O Eu, em sua incondicionalidade, é um centro de energia cuja natureza só pode ser conhecida através de sua ação, e esse conhecimento só é possível a um reflexo de sua própria Inteligência. Assim, autoconhecimento é basicamente autorrealização.

Sabedoria não é uma questão de estudo, mas de vida e ação. Falamos da sabedoria, mas ela tem pouco valor em nossas vidas, a não ser até onde sua qualidade seja evocada em nós. Sabedoria não é conhecimento, mas reside no uso que fazemos do conhecimento; ela surge do conhecimento guiado pelo amor. Pois amar é uma maneira de conhecer – o amante tem o conhecimento do ser amado, divino em qualidade, e este é um estado de integralidade, em si mesmo. Estar apaixonado por alguém é reagir plena e diretamente a esse alguém, sem o efeito obscurecedor de um eu que interpõe uma barreira. Usar o conhecimento com bondade é fazê-lo brilhar com um valor que é atemporal, refletir a qualidade da Eternidade no tempo.

Todos nós pensamos que sabemos, quando não sabemos, ou quando sabemos apenas parcialmente. O primeiro passo para se libertar do grilhão desta ignorância primária é tornar-nos conscientes dela. Quanto mais sabemos, mais compreendemos o quão pouco sabemos. Quanto maior a circunferência do conhecido, mais pontos de contato ela tem com o desconhecido. Os sábios é que são humildes. Não é possível para algum de nós ter todo o conhecimento; sempre haverá no conhecimento de cada pessoa lacunas que podem ser armadilhas para seu pensamento. Alguém pode possuir um vasto lastro de conhecimento, e, contudo, ser fundamentalmente tolo. Por outro lado, é possível com pouco conhecimento ser grandemente sábio. Uma alma profundamente madura em sabedoria, assumindo um corpo infantil, pode ser sábia mesmo na adolescência. Ela recolherá a sabedoria de cada alusão, de cada pequeno fenômeno e evento. O que chega ao seu conhecimento terá a qualidade de um conhecimento prévio em essência.

A sabedoria reside menos no que aprendemos e mais em nossas reações a esse aprendizado; menos na quantidade e mais na qualidade de nosso conhecimento; menos no acúmulo de fatos e nomenclatura, e mais no conhecimento de princípios; menos na posse de ideias e mais no reto emprego delas; em uma palavra, menos em tudo que acumulamos e devemos espalhar, e mais no que assimilamos na textura desse Ser que é um reflexo imortal do Espírito Universal.

A sabedoria de Deus, o Espírito universal, é um atributo de Sua natureza. No sentido mais elevado é o princípio de sabedoria, ou sabedoria em abstrato, com uma infinita potencialidade de se manifestar em todas as formas possíveis em todos os níveis. A natureza do não Eu, quando reordenada com a sabedoria, é assimilada pelo Eu. "Ordem é a primeira lei dos céus"; é uma ordem divina que, quando trazida à existência, reúne céu e terra.

Quando pensamos na sabedoria que encontramos manifesta na Natureza, pensamos em um princípio ativo, ordenador ou criativo. É feminina, quando está refletida na mãe ou no aspecto da forma, e constrói ou molda uma ordem que se ajustará à qualidade em manifestação. Toda forma que tem significado é uma certa ordem de partes ou elementos e uma ordem em seu funcionamento; é uma ordem, no tempo e no espaço. Essa ordem, em sua beleza, pode ser representada como uma curva perfeita, uma curva que difere de outra, seguindo sua própria lei. Assim, lei e ordem estão eternamente unidas. A lei do Ser Divino é que está em suas expressões, cria a Ordem Divina, tanto é assim que no pensamento budista, a Lei toma o lugar do Ser. Pensamos no Ser como uma Individualidade. Quando a Individualidade é perfeita, a lógica de sua formação é completa e ela é a manifestação de uma Lei. Descobrir a lei de seu próprio ser, e vivê-la, é verdadeira sabedoria.

Tal como é com Deus assim é com o ser humano. Conforme o ser humano cria à semelhança desse Ser, que é ele na eternidade (a criação só pode existir devido à uma energia que participa de seu Ser) ele desabrocha sua sabedoria. Existe beleza na lei, e essa beleza é vista quando a lei se manifesta.

A sabedoria está na integridade do pensamento quando é uma integração natural. É um florescer da qualidade da essência subjacente à Vida, revelando o profundo significado da Vida. São a unidade e a beleza do Todo refletidas na parte. É um movimento da Vida que a demonstra em sua superlatividade e graça nativas. É uma qualidade do pensamento livre de toda mácula terrena, formada por uma entoação direta do céu. É um raio divino que penetra coração e mente unificando ambos. É o alento de Deus, cujo calor é vida, e cuja luz é amor e beleza. É uma expressão do Eu na qual não há força contrária.

Muitas vezes no mundo, acredita-se que a sabedoria encontra-se na cautela. Essa noção surge de um instinto de autoestima. A sabedoria não pode estar menos em desrespeito à prudência

No mundo, é comum acreditar-se que a sabedoria encontra-se na prudência. Essa noção surge de um instinto de autossuficiência. A imprudência não diminui o escudo da sabedoria. Na realidade, está na ação certa que se eleva acima dos opostos. Sábio é o indivíduo que, pelo viver perfeito, encontrou aquele instinto de retidão que irá guiá-lo em pensamento ou ação, aquele centro de equilíbrio que está sempre sobre seu ponto de contato com as circunstâncias. Ele é um indivíduo em quem a Natureza verte as riquezas de todos os seus instintos.

A Outra Natureza do Novo

O que é mais importante para alguém saber ou entender é o que está envolvido em seu viver e como esse viver está sendo moldado, por quais influências está sendo afetado e modelado. Existem inúmeras coisas de interesse no Universo, desde partículas elementares em uma extremidade até, como dizem, Inteligências de uma natureza além de nossa compreensão na outra, mas o conhecimento dessas coisas e como podemos obtê-lo atualmente não é essencial. Devemos começar com a compreensão de nós mesmos.

Todos nós tendemos a pensar que nossas vidas são o que são por causa das circunstâncias; o que é primariamente insatisfatório nelas são as condições nas quais somos obrigados a viver. Dificilmente fazemos uma pausa para examinar a natureza de nossas próprias ações e reações nessas condições, mas são elas que realmente determinam o caráter de nosso viver. Presume-se que essas reações façam parte de nós mesmos. As ideias que temos das pessoas e das coisas, baseadas em reações repetidas mecanicamente, logo se estabelecem em certos padrões definidos. Essas ideias, juntamente com as reações habituais, tornam-se o conteúdo interno de nossas vidas e suas bases sedimentadas. Sendo assim, existe pouco frescor ou liberdade no modo como vivemos, pensamos, agimos e entendemos.

Nós raramente sonhamos que possa haver um modo de vida com uma abordagem nova a cada coisa que chega ao nosso alcance, sem desenvolvermos um relacionamento com ela que seja enfraquecido ou distorcido pelo tempo e pelo uso. O novo que é possível está na própria pessoa, oculto sob uma natureza que o mundo moldou e estampou em uma semelhança de si mesmo. Se pudermos estar perceptivos desse processo de sermos condicionados pelas várias influências a que nos prestamos, e conseguirmos manter-nos separados delas, aquela outra natureza do novo, que pertence a um aspecto mais profundo de nosso Ser, consegue se manifestar.

Se uma natureza assim, que é verdadeiramente um aspecto de nosso Ser incondicionado pelos processos do tempo não existisse como uma potencialidade, apesar da corrupção que invade e se estabelece na superfície externa, não poderia haver esperança de regeneração para nós em nenhum sentido vital. Mas se nos libertamos, mesmo um pouco que seja, do condicionamento que ocorre em nossa falta de percepção e altera nosso Ser tão completamente, podemos compreender por nós mesmos o fato da existência dessa natureza, tão completamente diferentes em sua qualidade incorruptível daquilo que nos tornamos, a intensidade da realização correspondendo à profundeza e extensão dessa liberdade. Mesmo uma pequena abertura nas nuvens revela a existência de um céu sereno e claro além delas.

Embora normalmente distanciados dessa outra natureza bela, não somos totalmente estranhos a ela, pois de vez em quando temos uma alusão à sua existência. No transcurso normal de nossas vidas, usamos palavras referindo-nos a ela, sua qualidade e ação, ainda que somente com uma vaga ideia ou mesmo uma concepção degradada do que essas palavras significam. Tais palavras como sabedoria, beleza, virtude, amor, e termos teosóficos tais como *Buddhi* e *Ātmā* – que implicam todas essas qualidades e graças – vieram à existência porque apontam para algo que instintivamente percebemos ou sentimos, e a que somos atraídos mesmo que não entendamos com clareza seu pleno significado e verdade.

154

Surgindo desta natureza mais clara e mais sensível deve haver uma nova compreensão em relação a todas as coisas. A compreensão de todas as coisas, não superficial, porém profundamente, em seu real significado, é a compreensão da Teosofia. O que é chamado de Teosofia, se for a Sabedoria Divina, não pode ser conhecimento de uma natureza que possa ser obtido por observação e raciocínio superficiais. Alguém pode ter conhecimento a respeito de muitas coisas, e, contudo, pode usá-lo com grosseira incompreensão; o eu que o usa, assim o faz sob suas próprias ilusões. A sabedoria está em agir segundo a verdadeira natureza das coisas. Essencialmente, é Verdade em ação; Verdade essa que em essência é a natureza da Vida em seu estado incondicionado, e em todas as suas expressões. Outra palavra para isto é "Espírito", mas quando falamos de Vida temos um sentimento mais íntimo quanto à realidade que ele é do que geralmente entendemos pelo termo Espírito. A Sabedoria Divina não pode significar apenas umas poucas ideias, por mais esclarecedoras que sejam, tais como reencarnação e *Karma*, que, se permanecem como mero conceitos, não penetram no âmago de nosso ser nem transformam nossas vidas.

A compreensão no verdadeiro sentido jamais pode ser superficial. Significa ir à raiz, à origem de todo o problema; como a própria palavra implica, significa mergulhar sob a superfície, a aparência ou fenômenos, e perceber seu aspecto interior, a natureza das forças que produzem os fenômenos, sua real importância e significado. Compreender não significa um mero arranjo de ideias, por mais coerentes e lógicas que sejam, independentemente de seu conteúdo e base. Se não tiver de ser uma mera brincadeira com ideias, a compreensão deve estar baseada na percepção da Verdade, e deve, portanto, repousar sobre uma natureza de abertura e sensibilidade, não de ideias e hábitos mentais enrijecidos que suprimem essa natureza e excluem suas intimações.

Certamente que também precisamos do conhecimento de vários fatos com relação ao mundo ao qual estamos relacionados. Desde que alguém não consiga obtê-lo por si mesmo, deve aceitá-lo de fontes que considere como conhecedoras – no que diz respeito a alguns assuntos, a Ciência; com relação a outros, fontes tais como as que têm explorado ou investigado essas questões. Então é uma questão de perceber ou julgar a plausibilidade, a importância e a provável exatidão de quaisquer afirmações apresentadas. Mas deve haver uma mente nova, livre de preconceitos e desanuviada para perceber, e também para julgar racionalmente sem uma adesão estupidificante a qualquer conjunto de suposições.

Todo ser humano é uma vida individualizada, e essa vida individualizada tem uma consciência com uma capacidade de liberdade muito além das limitações da vida que está identificada com o corpo. Para saber o que um ser humano é, deve-se entender a natureza tanto da vida quanto da consciência. A Ciência, com todas as suas maravilhosas informações, não lida com essas questões. Sua compreensão da vida é externa, por observação distante e inferência mental, e, portanto, superficial. A natureza da vida, que é uma energia universal, é agir, fluir, progredir e evoluir. A natureza daquele aspecto que é consciência é perceber, e exibe uma grande gama de sensibilidade ao assim fazer. Há também, com base nas percepções e ideias, a atividade do pensamento. Mas o pensamento, em vez de surgir novo a cada momento a partir da verdade experimentada, tende a seguir mecanicamente suas pegadas prévias, estabelecendo-se assim como um conjunto de ideias. Essas cristalizações em um campo no qual deve haver completa liberdade de movimento são como ilhas formadas em meio a uma corrente, obstruindo o fluxo de suas águas. Uma compreensão sempre nova é aquela na qual não há cristalização, mas ação nova em que o pensamento não está baseado em ideias estáticas do passado em mecânica continuação, mas surgindo nova a partir da natureza fundamental da consciência na qual estão ocultas as fontes de vida; em outras palavras, a partir de uma condição de liberdade. Originando-se assim, ela tem a vitalidade que está na própria vida.

A verdade em seus aspectos mais sutis exige uma percepção semelhante à percepção da beleza, mais especialmente beleza de uma natureza sutil, intangível, tal como a beleza em proporção, e em certos tipos indefiníveis de sentimento e expressão. A Verdade que pertence à vida e suas expressões pode ser conhecida em sua plenitude e experimentada dentro da própria pessoa, quando existe um estado de completa receptividade, quando a mente e o coração estão abertos a ela.

Dizem que o Espírito individualizado – que é uma centelha ou centro da energia onipresente do Espírito Universal – tem uma natureza de saber que é puro *insight*. *Insight* tanto em beleza quanto em formas e sutilezas da Verdade. Tem latente em si a capacidade para responder a todas as coisas fora de si mesmo segundo sua natureza e verdade essenciais. Quando cai ou penetra nas condições de espaço e tempo torna-se uma Inteligência adaptada às suas diferenciações e variedade, com a Razão como fator inerente, dando origem a um modo de movimento ou ação que não é arbitrário, mas segundo a lei que une as coisas.

A razão, conforme evidenciado em nosso pensar, que é sempre limitado em sua ação, move-se das premissas às conclusões, mas as premissas em si podem estar erradas ou ser insuficientes. Deve também haver uma disposição para se adaptar à verdade das coisas. Todo raciocínio científico é baseado em fatos observados, não em fantasias que conflitem com esses fatos. A confrontação de fatos dá origem à lógica que é inerente às relações das coisas conforme existem no espaço e no tempo.

A mente que consideramos científica é objetiva, mas somente em relação àqueles fatos que não tocam suas noções e interesses egoístas, que surgem, todos, de um processo mecânico de apego às sensações e condições. Nessas áreas de sua ação onde se está livre de tal apego, ela é objetiva, mas somente nessas áreas. Objetividade significa ver as coisas como são, sem que a imagem seja distorcida pela inclusão de quaisquer fatores subjetivos. Mas na realidade percebemos pouco, não levando em consideração a aparência ou a forma externa por causa da mudança que ocorreu em nossa consciência, os apegos, o condicionamento.

A natureza do saber, que é o sujeito puro, é a essência de um ser humano, não vibra com seu pleno espectro até que tudo que obstrui ou limita seu movimento tenha desaparecido. O que limita é toda experiência do passado, seja de prazer ou dor, que permanece misturada à existência pessoal e impede sua livre ação. Os preconceitos, incompreensões e identificações com coisas externas tais como raça e nacionalidade, como também as ideias de diferentes tipos que penetram a composição pessoal, são desenvolvimentos que ocorreram durante um período de tempo e do qual se deve libertar completamente se tiver de haver a compreensão baseada apenas na verdade.

A eliminação do passado põe em ação uma nova natureza, manifestando sua verdade. Isso significa uma renúncia completa dentro da própria pessoa de tudo a que ela se apega. O amor no seu sentido mais belo surge de uma renúncia assim. Quando nada pedimos para nós mesmos – nenhum prazer, nenhum retorno – então o amor é puro. Separada do passado, de tudo que nela cresceu, a consciência está totalmente no presente. Isso não significa uma existência frívola, vivendo segundo as reações do momento. Somente quando existe liberdade dessas ações (que na realidade são a ação do passado) é que existe a revelação ou a percepção da verdade surgindo dessa natureza livre. Toda ação deste tipo, livre de conformidade com o passado ou com o que é velho, tem uma qualidade de novidade e espontaneidade que não é automatismo nem a atuação de um padrão já estabelecido. A qualidade do novo está naquela ação ou resposta que surge de uma iniciativa livre e fresca no movimento da vida, não de uma inerte continuidade ou repetição do passado.

Com referência à pura natureza do saber – que é como a luz que inclui muitas cores – pode-se falar dela em uma linguagem mais simples como um estado completamente não afetado de mente e coração. "Não afetado" porque não é processado de nenhuma maneira, não é enrijecido o mínimo que seja, e, portanto, possui o mais elevado grau de sensibilidade possível, o tipo que é manifestado no amor, em um estado de abertura àqueles aspectos da verdade e da beleza que só são revelados no amor. No puro saber, o conhecimento não está separado do amor e da beleza.

Essa sensibilidade, em que existe a mais elevada qualidade de inteligência, jamais é perdida através dos incidentes ou da passagem do tempo. É uma natureza sempre original da qual se pode verdadeiramente dizer, adaptando a linguagem do poeta, que "a idade não consegue murchar nem o costume deteriorar a variedade infinita" de seu encanto. Nela existe sempre aquela vitalidade que é vista nos inícios da vida; em uma folha verdejante, nova na primavera, por exemplo. Toda resposta sua ao que quer que encontre, seja pessoa, fenômeno ou ideia, tem a autenticidade e a beleza de sua verdade. O desvelar ou despertar dessa natureza é realmente o caminho adicional para aquele que consegue sentir ou perceber sua realidade.

Há palavras atribuídas ao Cristo que expressam uma verdade universal, se compreendidas como surgindo da natureza crística no ser humano – "Eu sou o caminho, a verdade e a vida". O caminho é o caminho da vida em liberdade; não da vida sufocada pela matéria, mas a vida como ela é em suas raízes, em sua essência. As expressões de seu movimento em liberdade, que são infinitas, constituem a verdade essencial de todas as coisas, que é a base da sabedoria.

Existe um infinito a explorar à medida que penetramos no espaço que é externo a nós. A Ciência o explora em seu aspecto externo. Mas segundo aqueles que perscrutaram as profundezas da vida em seu estado incondicionado, há também um infinito interior, um reino de verdade e beleza no qual o espírito individual ou a consciência purificada se expande, manifestando a realidade dentro de si, uma expansão que é também uma experiência de liberdade. Liberdade não é ação arbitrária ou ilegal, mas é ação segundo a lei do Ser interno pessoal. Essa lei, embora totalmente subjetiva, constitui nosso *dharma* e jamais pode estar em conflito com qualquer outra lei da Natureza.

À medida que a energia da atenção se volta para o interior, desobstruindo as áreas sobre as quais se move, todas as excrescências, irregularidades e durezas, a perspectiva que é revelada e a beleza que é experimentada são tanto uma revelação da Verdade quanto qualquer revelação referente ao aspecto externo das coisas. Esta viagem ao interior é realmente uma maneira de despertar a percepção, um processo de desvelar a verdadeira natureza pessoal. A partir dessas percepções surge uma nova compreensão de todas as coisas e um novo modo de vida, no qual existe moralidade baseada na verdade e não na convenção, controle a partir do interior baseado na autocompreensão, e pura ação sem esforço ou tensão.

A palavra *Buddhi*, traduzida por H.P. Blavatsky como "a alma espiritual", refere-se a uma natureza que não tem em si mistura de elementos materiais, a natureza de um raio do Espírito incondicionado, ou da Vida Una. Para essa natureza da alma, tudo que é encontrado no mundo externo deve ter um significado que não é encontrado em nossos dicionários.

Vemos o padrão das coisas, sejam as reveladas pela Ciência ou por nossas próprias observações. Existe também um padrão mais profundo, mais estendido, que é o estudo em Ocultismo. Mas, como assinalou Platão, todo padrão é apenas uma projeção em uma tela. Deve levar-nos à verdadeira forma da realidade que é projetada, como também aos raios ou à inteligência que a projeta. Podemos saber intelectualmente que existe o processo de desabrochar a que chamamos evolução, mas esse conhecimento só assume sua importância própria quando descobrimos a natureza daquilo que desabrocha. "Observa, eu renovo todas as coisas". Estas são as palavras do Tempo, não tempo como uma continuação infinita, mas tempo no velho sentido indiano, que põe um fim a tudo como foi, e permite à vida recomeçar e criar novamente. Vida presa pela matéria só pode reproduzir o velho com modificações, mas vida que seja uma expressão de uma consciência liberta é sempre nova, e cria com cada impulso, a partir do interior de si mesma, uma nova forma com uma nova beleza e significado.

O que é discutido aqui não é o que devemos entender, mas o que significa entendimento, como surge, a natureza da mente e do coração necessária à percepção da Verdade. O caminho para a Verdade do coração é tão importante quanto a Verdade em si, pois é em si mesmo um aspecto da Verdade. A Verdade não é meramente o que está no fim, mas está também no movimento que revela esse fim.

O único relacionamento no qual o ser pessoal pode repousar é em um relacionamento direto com a Verdade. Portanto, cada um, a partir de sua própria liberdade e iniciativa, deve criar esse relacionamento, pintar o quadro por si mesmo. Deve aprender a ver o que é belo e o que é feio, distinguir o verdadeiro do falso, conduzir e guiar a si mesmo. Quando estivermos ocupados com a Verdade, vitalmente e determinados, não estaremos discutindo qual autoridade devemos escolher, porque em todas essas escolhas limitamos a Verdade. Quando dizemos que a Verdade é somente o que provém de uma fonte particular, nós a limitamos a essa fonte, e buscamos fora o que só podemos descobrir no interior. É preciso uma nova compreensão a respeito de todas as coisas da vida, e isto é uma possibilidade para todos, não apenas para uns poucos escolhidos. Não existem uns poucos escolhidos na vasta progressão da vida, que ocorre não como decretada por uma vontade individual, mas a partir de sua natureza e impulso inatos.

A Senda para a
Realidade Espiritual

A humanidade sempre se engajou na busca pelo que satisfaz e agrada, mas quando essa busca resulta em cansaço e desilusão existe o desejo de encontrar algo que sinta ser mais real, que proporcione alívio, se não também compensação e um meio de escape de suas tristezas. Ela busca refúgio e segurança em uma condição que promete ser permanente. A oscilação para o permanente, ou melhor, para a ideia de permanência, é uma reação de uma condição de transição insatisfatória e ilusória. Nos estágios anteriores, cada indivíduo busca inúmeras formas de gratificação mundana; o exercício de poder e de posição; sensação física, emocional e mental de diferentes tipos; excitabilidades periódicas que aliviam o tédio; sistemas, crenças e práticas que prometam segurança aqui e no futuro; todo tipo de coisas que ofereçam escape e esquecimento das tristezas, dificuldades, problemas e responsabilidades. Em cada ponto o que se imagina ser a Realidade – sendo o resto irreal – está identificado com a maior paz e felicidade possível e a mais duradoura satisfação. Ele assim o faz porque sistematicamente descobriu que essas coisas a que se agarrava mostravam-se instáveis e ilusórias; no fim elas o deixavam dolorosamente abatido.

As crenças do ser humano levaram-no apenas a refúgios e criações mentais temporárias, ilhas na corrente do progresso, ilhas de segurança, autoisolamento de várias formas, a manutenção do "eu" contra o outro, usando o outro para seu prazer. Inevitavelmente algo acontece, e existe um rude despertar como se de um sonho. O que o mundo tem a oferecer e todas as suas imaginações prévias aparecem então sob uma luz diferente. Ele começa a buscar uma Realidade fora de suas próprias experiências, e das gratificações que se mostraram tão transitórias e decepcionantes. No entanto, somente em um estágio comparativamente tardio de sua evolução – não o estágio de mera perspicácia intelectual – mas com uma medida de autoconhecimento, é que ele começa a seriamente contemplar a possibilidade de algo desconhecido e diferente do que pode ser encontrado nas maneiras que ele tem inventado com os recursos de sua mente. Ele aspira a uma Realidade que é diferente de qualquer tipo de conhecimento ou experiência que buscou até então.

Em que a Realidade pode ser encontrada? No conhecimento ou na experiência de alguma relação última entre o eterno Sujeito ou Espírito e a Matéria em sua natureza fundamental como objeto; em um estado de incondicionalidade em meio ao relativo; em algo que está presente em meio a todas as mudanças e liga a origem ao fim? Deve-se conceber a Realidade como uma Verdade, um Princípio, ou como um estado de consciência no qual existe uma integração de todos os três aspectos do conhecer – conhecedor, ação de conhecer e o objeto de conhecimento? Ou será um tipo de essência de todas as experiências em todos os níveis; ou em um estado de união interior com tudo que existe de que, externamente, nos sentimos separados; uma felicidade não do tempo, ou que surja de condições materiais, mas da Eternidade; amor elevado à enésima potência de sacralidade e pureza; um estado no qual todo o processo universal e a própria pessoa sejam percebidos em termos diferentes do que agora entendemos, e de uma dimensão totalmente nova?

Em um ou outro aspecto pode ser todas essas coisas, e talvez seja infinitamente mais do que essas palavras podem transmitir, mais do que jamais poderemos adivinhar no presente. Qualquer Realidade que não seja produto do conhecido deve ter uma natureza que é desconhecida; não pode ser um mero conceito ou uma imagem que projetamos. Todos os conceitos construídos sobre memórias do conhecido estão propensos a ser da mesma natureza que as experiências aí registradas. Podemos especular sobre a natureza deste desconhecido, mas assim fazemos com uma mente condicionada por experiências prévias. À medida que especulamos, formamos imagens que podem evidenciar serem telas que obstruem a Verdade, e mesmo impedimentos à busca na qual estamos engajados. Se a Realidade tem um caráter que é ilimitado, se não deve haver sentimento de limitação na experiência dessa Realidade, ela deve ser sem quaisquer linhas de divisão dentro de si. Deve ser não objetiva, uma vez que o que é objetivo, espalhado, é divisível; e ela deve ser de uma ordem que transcenda todos os níveis de nosso atual conhecimento. Nenhuma descrição pode nos dar essa Realidade, porque toda descrição nos levará a uma identificação errada por uma mente limitada ao terreno de seu próprio passado. Nos *Upanishads* e na *Bhagavad-Gitā* existem descrições do Eu, comparando sua natureza com a Realidade; mas falam apenas da Realidade, e a descrevem como indescritível.

Se a Realidade é um X em uma equação que inclui vários outros termos de nossa experiência, sua natureza pode ser inferida a partir desses termos conhecidos. Mas essa inferência seria um constructo mental permanente, e não uma experiência que transcenda o conhecido. Não há dúvida de que vida, mente e impressões sensoriais podem todas ser consideradas como emanando de uma fonte que podemos chamar de Tudo, mas então o Tudo pode conter infinitamente mais. Se essas manifestações forem apenas uma indicação, uma sombra, nós não sabemos o que elas indicam. Não podemos saber o que subjaz ao Real ou ao irreal, até que conheçamos o Real. Se existe uma relação entre eles, deve ser um tipo de polaridade, mas não conseguimos inferir sua natureza a partir do campo dos fenômenos materiais onde as duas extremidades são opostas, mas fundamentalmente semelhantes, como o Polo Norte e o Polo Sul, ou a eletricidade positiva e negativa. O superior pode incluir o conhecimento do inferior; mas do nível inferior pode-se apenas vagamente adivinhar a natureza do superior, mas não se consegue conhecê-la.

Quando vemos uma coisa, seja um objeto tangível ou uma situação, usamos apenas a mente para interpretar o fato. Mas a Verdade em sua incondicionalidade não é uma interpretação; quando conhecida em si mesma é conhecida com certeza absoluta. Se for verdade em primeira mão e não transmitida pelo conhecimento, podemos dizer como São Paulo que "mesmo que o mundo inteiro a negue, ela retém sua autenticidade para nós".

Podemos legitimamente dizer que atualmente para nós essa Realidade está em cada coisa bela – no amor, nos pensamentos e nas expressões mais verdadeiras e mais maravilhosas do ser humano. Todas essas coisas falam sua linguagem, mas temos ainda de chegar à Realidade que está em tudo, mesmo dentro da falsa proclamação de sua falsidade. De vez em quando obtemos uma alusão, uma emoção ocasional, mas nossos momentos de perfeita beleza e bem-aventurança são poucos e esparsos, e em grande parte somos deixados com o problema de nós mesmos.

A Realidade só pode alvorecer sobre nós quando nossos horizontes forem claros, e quando estivermos prontos para ela. Ela está aí e brilha o tempo todo, mas só brilhará sobre nós quando mudarmos de atitude, para receber sua luz. Como todos veem o caminho até ela à luz de suas próprias experiências, não é possível para alguém discutir com outra pessoa cujas experiências sejam diferentes, senão nos termos mais generalizados.

O testemunho dos grandes Instrutores espirituais é que existe uma Realidade, ao lado da qual tudo o mais é irreal; e, mais do que isso, que é possível para cada ser humano descobrir ou chegar a ela por si próprio, porque ela está nele mesmo, sua própria natureza original.

Qualquer tentativa meramente mental de abordar essa Realidade é como tentar voar sem asas, ou como usar os membros para flutuar enquanto se quer explorar as profundezas. A Realidade que está em seu ser é inseparável da vida, mas vida em um estado de liberdade. Em todos nós a mente é uma coisa e a vida é outra. O que é definido como mente não é o que é experimentado na plenitude do viver. O que a mente sabe é baseado no conhecimento através dos sentidos, sendo apenas conhecimento inferido; aquilo em que ela acredita está baseado em premissas insuficientes e é inevitavelmente resultado de pensamento ilusório. De qualquer maneira, uma crença, seja mental ou emocional, é apenas uma crença e não a totalidade de um ser ativo. Quando a força motriz não é a atração de uma emoção ou sensação experimentada no passado, é frequentemente uma repulsão de circunstâncias existentes, que leva o pensamento da pessoa em um oposto imaginário. Quer haja uma busca por gratificação ou desejo de fuga, ambos são fatores de determinismo emocional agindo através da mente criadora de imagens, e estão propensos a criar formas de ação e pensamento para satisfazerem as emoções subjacentes e a mente que age em colaboração com elas.

Como agiremos então? O que determina o objetivo? Para chegarmos ao objetivo devemos mover-nos na direção correta. Mas a direção é determinada pelas forças que constituem o motivo. Sua natureza, no final das contas, determina o fim do processo que põe em movimento. Temos de perguntar a nós mesmos, não apenas: o que estou buscando? Mas também: por que busco? O motivo não é menos poderoso porque está sob a superfície da mente subconsciente, sendo o subconsciente, em parte, as influências dos fatores físicos, mas também o que é suprimido na mente e na emoção, e o que penetra nos processos automáticos que assumem. Aquilo que é subconsciente é mais difícil de se lidar do que o que se expõe à mente consciente. Geralmente, além do motivo de que o indivíduo está consciente, existem fatores que não são notados porque são partes de um mecanismo com qual ele se identifica.

Se o verdadeiro objeto da busca é alguma forma de apoio oculto para uma deficiência psíquica, uma condição de desequilíbrio que seja dolorosa ou desconfortável sem ele, a busca terminará quando o apoio for encontrado. O que quer que busquemos para manter o eu, que é um centro de reações – poder, posição e mesmo afeição e conforto – é da natureza de um apoio de que esse eu é dependente. E enquanto o eu (que implica uma relação de oposição ao outro, ou ao resto do mundo) persiste, a consciência permanece presa às coisas que criam essa sensação.

O único motivo ou força que resulta em uma livre expansão de consciência pessoal, ao invés de circunscrevê-la ainda mais, é o amor altruísta, que não busca, é não possessivo; ou a compaixão, uma delicada simpatia universal tal como a que induziu o Príncipe Sidharta a empreender sua busca. Se o motivo for pessoal, o fim que é atingido é limitado pelos fatores presentes nesse objetivo pessoal. O amor é libertador. Na própria natureza do amor que é puro, imparcial e beneficente, buscando apenas servir e não desfrutar e apropriar, existe libertação do que quer que prenda a consciência individualizada no cárcere de um eu separado.

Os escritos de J. Krishnamurti são maravilhosamente esclarecedores com relação a este problema. Eles apresentam em uma forma nova, original, ideias que, se encontradas expressas em outros termos nos ensinamentos antigos, mostram somente que a busca pela Realidade no mundo humano, por mais que as aparências externas desse mundo possam ter alterado, necessariamente envolve os mesmos fatores fundamentais.

Como pode esse amor ser evocado na pessoa? Não podemos criar o amor, pois "nós" somos a mente que produz a própria limitação que é uma negação do amor. Mas a vida, que é um modo de ação incessante, tem em si a capacidade inerente do amor, e isto desabrochará quando deixar de ser distorcida pela antítese de eu e outro.

O modo de descobrir a Realidade é descrito nos antigos livros indianos como uma maneira de repúdio – descartar-nos das formas do irreal afastando-nos delas em pensamentos e emoções. Isto parece ser negativo, mas na verdade não é. Quando não há saída para identificar a si próprio com o falso, a Verdade que está no interior torna-se manifesta. O caminho não é feito por nós a partir do exterior; nós o fazemos de momento a momento a partir de nossa própria compreensão. Ele está totalmente dentro de nós. Os *Upanishads* falam desse caminho de retirada nas palavras, "isto não, isto não", que não é uma fórmula de fuga da ação necessária, mas o caminho da autotranscendência.

Todos nós pensamos que nos conhecemos, mas conhecemos apenas a superfície. A consciência com a qual "nós" enfrentamos o mundo, que nos é próximo, é influenciada por esse mundo e moldada por suas influências. É um processo de condicionamento ao qual fomos submetidos desde o momento em que nascemos. Mas à medida que nos tornamos conscientes dos modos como somos condicionados, retiramo-nos desses modos. A própria percepção produz a retirada, porque existe uma clara percepção da Verdade até aqui oculta. Percebemos a distinção entre a liberdade que é possível e o condicionamento. Esta linha de separação entre o Eu, cuja natureza é liberdade, e o não Eu ao qual ele sucumbe em ignorância, isto é, seu desconhecimento, é traçada repetidamente. O não Eu não é apenas o mundo externo, mas também várias partes de nós mesmos. A mente, as emoções, e a consciência no corpo físico são todas limitações da consciência original.

Quando somos crianças, a consciência em cada um de nós exibe as mesmas qualidades de pureza, frescor e sensibilidade, juntamente com a abertura para ser moldada em qualquer que seja a forma. À medida que crescemos, a mentalidade de cada um se estabelece em um molde particular e é muito diferente da dos outros. Em cada um ela se torna uma estrutura individual, composta das ideias, hábitos e preconceitos distintos, que nela foram forjados.

Em *Aos Pés do Mestre*[4] a distinção entre o Eu ou o indivíduo verdadeiro, e o não Eu composto de men-

---

[4] KRISHNAMURTI, Jiddu, Brasília: Editora Teosófica, 2010. (N.E.).

te, emoções e corpo físico, é traçada de uma maneira simples embora prática como formas de discriminação entre o Real e o irreal em tudo que a pessoa é e pensa. Dizem que o Real não é o corpo físico (que é comparado a um cavalo que deve ser cuidado e usado), e que não é nem os desejos nem a mente. Tal discriminação parece simples, mas se alcançada com perfeição alçará a consciência a um plano de pura percepção e ação no qual não está circunscrita pelas formas de sua própria atividade.

É comparativamente fácil separar-nos de nossos corpos físicos, mas é uma questão totalmente diferente quando se refere aos nossos estados psicológicos, aquela natureza da mente e emoções que está sendo moldada constantemente pelas impressões recebidas consciente e subconscientemente, e que ela incorpora a si mesma. A consciência é o jogo de uma energia que pode ser imóvel e receptiva ou agitada e positiva. Ela surge do interior do ser humano, mas pode ser decomposta, condicionada por circunstâncias externas e por sua própria ação quando cede às influências que transformam sua natureza em algo diferente de si própria. Aquilo que era originalmente puro, livre, sensível e capaz de ser moldado em qualquer forma, cada uma expressando uma qualidade dentro de si, perde essas características. Divide-se em camadas de subconsciente e consciente, com interações entre elas que mantêm o presente em um estado de atividade parcial baseada na continuidade com o passado.

Discernimento é na verdade um tipo de se despir sucessivamente de inúmeras capas de identificação e ilusão em que o Eu como conhecedor se envolveu. Temos de desembrulhar o pacote para chegarmos à pérola inestimável que é a Realidade.

Fundamentalmente, a mente se apega à sensação. A energia que é vida, operando através do apego manifesta-se como desejo e cria a imagem desejada, embora ilusória e irreal. Experimentamos uma certa sensação que é agradável, e somos retidos por ela. A sensação desse prazer fixa-se na mente e direciona suas energias. Através da memória o desejo por essa sensação se renova. Quando a mente é apegada a uma coisa por associação de ideias – que é necessário para o pensamento – o apego e o desejo estendem-se a outras coisas; assim, é formada uma teia de apegos em que a mente fica firmemente presa. Verdadeiramente poderíamos descrever o desejo como a cera que prende a mente ao mel de todo prazer. Uma sensação que seja desagradável produz repulsão – o desejo de a evitar, esquecer – que também fixa a mente e a mantém prisioneira. Aquilo de que o ser humano tem medo obceca-o. Cada sensação, seja de prazer ou dor, tende a condicionar a mente através do apego ou do medo. Todo prazer produz esta cera que prende a mente, a menos que o gozo tenha uma qualidade de leveza e não suprima a pura natureza da percepção. Essa percepção é como a luz que pode cair sobre qualquer coisa má ou boa e revelar sua cor, mas em si mesma permanece sem mácula. Pode-se experimentar as mais agudas das sensações e estar perceptivo de toda nuance que nelas existe, embora se permaneça não afetado por elas, se a consciência pelo menos estiver consciente no sentido literal da palavra, e também não reaja às sensações de uma maneira que traga à sua natureza forças que lá permaneçam e a organizem em uma forma através da qual ela tem de agir posteriormente. Existe a criação de uma tal forma ou imagem quando há antecipação de uma experiência futura surgindo do passado.

O senso de "ego-idade", de eu e de egoísmo surge da necessidade ou do desejo. Tem sido chamado de "autopersonalidade", um termo que o distingue da personalidade em outro sentido, que pode ser uma pura expressão da essência ou qualidade espiritual que torna o indivíduo o que ele é e diferente dos outros. Este é o primeiro grilhão a ser posto de lado – primeiro, no sentido de primário, sendo todos os outros dele derivados. O Senhor Buda falou da ilusão do ego (o eu separativo) como a principal causa de dor, e também da sede por existência senciente que produz essa egocentricidade. Ele não deu satisfação quanto à tristeza de modo a reconciliar o ser humano com ela, mas como o Príncipe Sidharta buscou resolver o problema de pôr um fim a ela, e a solucionou primeiramente em si próprio. Ele falou do *Nirvāna* – que literalmente significa extinção – como a extinção desse eu pessoal, o fogo, que para sua existência depende do pavio e do óleo do apego às experiências que lhe dão um senso de identidade pessoal.

Antes de podermos abandonar a "ego-idade", temos que nos conscientizar de como ela penetra toda a gama de nosso pensamento e sentimento, seja sutil ou abertamente. Este é realmente o efeito do processo da involução humana. Existe a involução da Vida em condições de matéria, da qual surge a involução; existe uma involução semelhante de *Manas*, no ciclo da existência humana, em todas as coisas dos sentidos; e neste processo de involução existe uma contínua expressão do princípio "eu", sendo "eu quero" a fórmula central de todas as suas modificações. É a mente-desejo, tão ilusória quanto sua variável, que forja a figura fantasmagórica do eu.

Se o desejo fosse nocivo em si mesmo sem nenhuma verdadeira participação em nossa evolução, não precisaríamos ter sido enviados a este mundo de desejos. "Enviados a" é um modo de expressão; pois a única visão científica possível em um Universo de lei é que ninguém nos envia, senão nós mesmos. Pode também ser outro tipo de desejo, não baseado no apego, mas tendo toda a força de uma atração natural. Temos de entender a interiorização do processo. Se é o desejo que prende, como pode ele ser eliminado ou transcendido? Cada um tem que usar sua própria inteligência, sua natureza e seu pensamento para se libertar das espirais em que está enredado.

O processo de se libertar dos apegos e do desejo que deles surgem está tanto no esquema das coisas quanto na involução anterior a eles. Uma compreensão gradual, através de uma inevitável triagem das experiências, parece ser o lento caminho da Natureza; mas auxiliada por seu filho inteligente, o homem de livre-arbítrio e de autocompreensão, o processo pode ser grandemente acelerado. É comparável à ação de um jardineiro habilidoso que é capaz de ultrapassar os processos de "seleção natural". O desejo não é morto por indulgência nem por supressão. A indulgência alivia o fogo do anelo, mas somente durante um curto período, e fortalece o anelo. A supressão enterra o desejo sem o matar. O fantasma dele permanece, vivo e pulsante, esperando o ciclo de ressurgimento e atividade; quando chega esse momento, ele reage com violência acumulada. Assim como uma réplica selada, com determinadas culturas, ajuda a multiplicar as bactérias e desenvolver-lhes a força, as emoções reprimidas de sexo, ciúme, ressentimento etc., fortalecem-se e podem irromper súbita e incontrolavelmente. O grande princípio corporificado no Nobre Caminho Óctuplo é a retidão em pensamento, em palavra, em ação, e em meios de ganhar a vida – retidão em cada forma, pacientemente buscada e estabelecida.

Podemos melhor enfraquecer o desejo expondo a verdade de sua natureza a uma inteligência desejosa de ver as coisas como são, e sem qualquer desejo de vê-las diferentemente. Podemos descobrir a falsidade do desejo, sua rápida mudança de aparência, sua forma de ação proteica, buscando sua relação com nossa inteligência. Mas estamos inclinados a adiar essa ação até que sejamos levados a praticá-la pela amarga experiência. Acumulamos muita experiência puramente repetitiva antes de começarmos a avaliá-las; rejeitamos o fruto venenoso somente após havê-lo comido muitas vezes, e sofrido. Isto não quer dizer que devamos evitar o que é agradável, pois todas as experiências são prazerosas ou dolorosas em algum grau, e viver é experimentar. Mas toda sensação de prazer pode ser experimentada à medida que chega, sem vício. Se não há busca por gratificação em pensamento ou ação – este é o verdadeiro ascetismo – todo apego desaparece. A pessoa aceita o que quer que lhe advenha e se contenta em deixar como está enquanto lá estiver. Essa aceitação, que é o verdadeiro desapego, é liberdade das contradições dos opostos, e tem em si a qualidade da transcendência que combina com a verdadeira compreensão.

Nosso estado interior, em qualquer experiência de prazer, pode ser um registro dessa experiência ou coexistência com ela, sem apego, nesse momento, à sensação de prazer ou qualquer outra reflexão sobre ela. Esse é um estado de passividade sensivelmente imaculado no qual se experimenta sem desejo. Nesse estado existe liberdade do apego a posses e prazeres, e a mente fica liberta de toda forma de irrealidade em que penetrou. Quando tivermos desfrutado e sofrido bastante, experimentado os pares de opostos, será possível entendermos e nos afastarmos de todo o processo de autocondicionamento e vermos tudo tão objetivamente, que compreenderemos que não somos nós mesmos.

Se pudermos ser totalmente objetivos com relação a todo o processo de nós mesmos, poderemos estar perceptivos da natureza, origem e efeito de toda a corrente de desejo em nós. Quando pensamos em nós mesmos com relação às nossas ações, tendemos a criar um quadro que se adapta ao sutil propósito da mente pensante, ou seja, manter-nos afastados da verdade nua do que verdadeiramente ocorre. Mas os fenômenos que desejamos entender, todo o processo, torna-se objetivo quando nós, como meros observadores – não pensadores ou intérpretes – recuamos e o vemos como uma tela branca e limpa sem colocarmos qualquer construção ou brilho sobre ela. Isto pode ser descrito como estudar o eu inferior à luz do Superior, se é que entendemos corretamente o que se quer dizer por inferior e superior com relação a nós mesmos como somos.

Quando estamos perceptivos do que está ocorrendo, qual é o estado em que estamos perceptivos? Cada um deve estudar isso em si mesmo. Deve ser alguém que transcenda o pensamento e o desejo – o campo de *Kāma -Manas*. Os dois operam em uníssono em uma condição de desconhecimento. *Kāma-Manas* tem sido chamado de a alma animal, distinto de a alma espiritual. A mente-desejo é a mente dissipada, obsoleta e condicionada que é versada em sofisma e obtém suas instruções do desejo. Ela viaja em labirintos e é enganada por suas próprias sombras, que persegue como um gatinho persegue sua própria cauda.

Quando a mente, colorida pelo desejo, olha para si mesma, sua visão inclui a cor; ela confunde a cor com ela mesma e assim forma a noção de um eu separado. Quando todos os desejos são renunciados, a mente é purgada de suas impurezas – de tudo que a ela adere e que não é de sua própria natureza essencial – e em vez de ser opaca como antes, torna-se uma lente pura, cristalina, através da qual brilha a clara luz de *Buddhi*. Ela é então *Buddhi-Manas*. *Buddhi*, como a própria palavra denota, é pura inteligência. É a própria iluminação.

Buddhi tem sido traduzido tanto como "a Razão pura" quanto como "intuição", mas nenhuma dessas palavras dá o total sentido do termo. *Buddhi-Manas* é aquela mente iluminada que vê a verdade, e, portanto, rejeita o que é falso.

Manas é uma escada com uma série de degraus. Move-se até uma certa distância, dá uma série de passos, prestando atenção a particulares. Reúne diferentes termos em um todo como uma unidade. Rompe a unidade em partes. É o poder que desce e sobe diferentes níveis de consciência; contrai-se e se expande. É o poder por trás do espaço-tempo, o poder de *Brahmā* na teogonia hindu – o Alento manifestado do Universo. A escada é uma escada de consciência que pode acrescentar graus de energia. Se houver uma consciência que consiga abarcar todos os fatos descobertos pela ciência moderna, ela conseguirá focar-se em diferentes níveis – o atômico, molecular, celular, etc. Cada nível seria um mundo em si mesmo, embora estejam todos interligados. A consciência humana muda os objetos com os quais se identifica. No processo de evolução, podemos ver que ela muda de terreno sucessivamente. Do físico move-se para o emocional e o mental, e desses três, que constituem o campo do estágio humano, pode elevar-se a *Buddhi-Manas*. Neste estado superior ela consegue lembrar e compreender o funcionamento nos níveis inferiores.

Quando a mente pura (*Buddhi-Manas*) vê o funcionamento da mente-desejo e as ações causadas no Plano Físico, ela é o Eu em um certo estágio de Autorrealização que vê a atuação de um não Eu do qual se separou.

Então a identificação da consciência e seu centro – na consciência pura não há sentimento de um eu separado – com a mente-desejo e o corpo chegam ao fim. A longa parceria entre *Manas* e *Kāma* – uma parceria infeliz ou sem credibilidade – é finalmente dissolvida.

Qualquer que possa ser o nível em que a mente ou a consciência esteja ativa, ela pode mover-se de um para outro e, sob condições especiais, uma força pertencente a um plano superior pode operar no inferior, e a qualidade de sua consciência pode descer e manifestar-se no inferior. Até um determinado ponto existe sempre uma infiltração de cima; ideias pertencentes ao nível intuicional penetram a mente quando ela está tranquila e receptiva. O indivíduo é um canal para essa infiltração, mas atualmente é um canal pobre. Portanto, quando a mente busca e encontra algo que imagina ser o superior, pode não ser de fato; pode ser apenas uma projeção de sua própria base particular.

Quando o não Eu, disfarçado de mente, envolvido em coisas objetivas, tenta conhecer a natureza do Eu como uma Realidade subjetiva, ele constrói essa realidade segundo suas próprias propensões ou conveniências – aliás, segundo sua própria natureza. Mas quando o Eu subjetivo olha para o que lhe é objetivo no campo da consciência, consegue ver os fatos objetivos como eles são. Imaginar o sujeito é um processo de idealismo; ver o objeto como é, é um ato de realismo. Quando você vê uma coisa claramente como ela é, sua visão está no foco perfeito. Uma visão que vê as coisas como elas são é mais pura e mais confiável do que uma fantasia que é auto-centrada, autogratificante, ostentando cores para satisfazer sua vaidade, enganando os outros e a si mesma. Na evolução existe uma transcendência contínua daquilo que foi; aquilo que é subjetivo em um estágio – porque a pessoa está nele envolvida – torna-se objetivo quando ela percebe como ele é, isto é, sua natureza e seu relacionamento com essa pessoa.

Separar-nos da mente e ver o não Eu em funcionamento não é fácil. Podemos até certo ponto repudiar nossos desejos, mas mesmo isso está fadado a ser teórico. Pois mente e desejo estão muitíssimo envolvidos entre si. Uma vez que a mente que repudia é ela mesma um receptáculo do desejo, seu repúdio está propenso a ser um ato diplomático com reservas mentais, conscientes ou inconscientes. Quando, do fundo de nossos corações, desistimos das coisas do eu mais recôndito de nós mesmos, então estamos livres delas. Quando todas as coisas a que os sentidos, a mente-sentido e a mente-desejo estão apegados são abandonadas, o Eu, como puro conhecedor, permanece. Sendo sua natureza semelhante à luz, brilha através de cada uma de suas vestes.

O Eu é o puro sujeito, sem extensão, pois quando há uma extensão, há partes. No sujeito não há vir a ser, pois o vir a ser realmente é uma extensão no tempo. Extensão significa relacionamento sujeito-objeto. Portanto, o puro sujeito é sem espaço e tempo, e deve estar igualmente relacionado a todas as coisas do espaço e do tempo. Uma vez que nele não há extensão, ele é um ponto no qual está a essência do Ser, um centro onde existe poder para criar, no qual a criação é sempre um acordo perfeito entre aquilo que está manifestado e a forma de sua manifestação.

Sat, chit, ānanda era a consagrada triplicidade indiana de atributos em que se dividia a Essência Una. *Sat* significa "é" ou Ser, e é denotado pelo ponto; *chit* transmite os feixes de percepção ou saber, os raios; *ānanda* é bem-aventurança que é independente; é também amor em união com a beleza ou harmonia presente no objeto ou na circunferência.

A busca da Realidade não se dá fora, mas dentro de cada um. Mas "dentro" e "fora" são termos relativos, e para conhecer qualquer um deles deve haver a percepção da relação entre eles. Consequentemente, a busca não pode ser fora da vida pessoal. Não se pode pensar na Realidade e encontrá-la. Ela tem que ser experimentada na própria natureza de pensamento e ação. Quando a ação é correta, tudo nela expressa a Verdade. Mas a descoberta do que é certo exige o conhecimento de si próprio.

A senda para a Realidade jaz obviamente não através da busca interminável por gratificações de quaisquer tipos, ou através da mente que tem sido moldada pelo desejo; uma mente assim não é livre, mas repetitiva, indireta e pegajosa. Qualquer que seja a realização alcançada, deve ter em si uma qualidade de clara e direta percepção, deve ter também a vitalidade de um puro entusiasmo, a objetividade do cientista, a maravilha e a beleza que inspiram o artista, integridade de compreensão, e acima de tudo, o altruísmo de um homem de ação e filantropo. O movimento em direção a ela deve ser guiado por uma força que não irá predeterminar o fim, e assim deve haver ausência de desejo (que sempre surge da memória) e de todo pensamento ilusório. Essa força irradiando em todas as direções só pode ser o amor, que exclui a ideia de eu e busca apenas dar de si mesmo. Sem amor, toda busca, de uma forma ou de outra, é egoísta. Quando a pessoa se põe a buscar algo, ela tem uma ideia do que quer. Mesmo quando busca o que chama de Realidade ou usa algum outro nome para isto, é porque existe um vazio em si mesma que pede para ser preenchido. Esse vazio surge do modo como ela tem sido moldada por suas experiências passadas. Nesta condição, sua única ideia – talvez profundamente submersa – seja preenchida, e é provável que ela aceite qualquer linha de conduta, qualquer esperança ou promessa, que realizará isto sob as circunstâncias atuais. A ideia é criada pelo que ela quer. Às vezes é também o caso de ela estar contente consigo mesma como é; estar completamente adaptada às suas próprias condições. De qualquer maneira é o eu que desceu através de um longo passado que age ou desiste da ação. Ele busca uma meta projetada por si mesmo ou quer permanecer como está, não perturbado, como um indivíduo poderia querer permanecer em uma cama confortável. Ele é incentivado ou inibido a seguir adiante.

O Cristo soou a nota: "ama teu próximo como a ti mesmo". Se pelo menos conseguirmos fazer isto, conheceremos a Realidade por nós mesmos. O Senhor Buda falou do amor de uma mãe por seu primogênito, mas deu como ensinamento especial a extinção do desejo, que é a antítese do amor, sendo a causa de egoísmo em todas as formas. É dando e não tomando que a pessoa é inundada com as águas da vida, e todos os canais de seu Ser são limpos e abertos.

A senda para a Realidade encontra-se na transcendência de nós mesmos. Portanto, cada um deve, por si mesmo, trilhar a senda a partir de onde está. Quando ele nada busca com o qual possa sustentar sua individualidade, e, contudo, age sem estar a buscar, encontrará aquilo que está igualmente em cada um e em todos, e que manifesta sua natureza, que não é de tempo, mas de Eternidade.

LIVROS PARA VIVER MELHOR

A Filosofia da Bhagavad Gītā – T. Subba Row

Subba Row comenta que a atividade do homem profano é controlada por um ego ilusório, e permeada por equívocos, em razão de estar contaminada por emoções como medo, raiva, inveja, culpa, etc.

A *Bhagavad-Gītā*, de forma brilhante, recomenda o reto agir.

Essa maneira de agir, além de não gerar mais *Karma*, neutraliza os efeitos das ações passadas, liberando o indivíduo das reações condicionadas e equivocadas.

Esse poema metafísico demonstra que através de autoconhecimento, com atitudes conscientes e a reta ação, todos podem atingir a autorrealização.

O Interesse Humano – N. Sri Ram

Neste livro, N. Sri Ram, autor conhecido por apresentar conteúdos filosóficos profundos de uma maneira lúcida e acessível, combinados com uma sagaz percepção dos pensamentos e conhecimentos modernos, aliados ainda a uma compreensão sensível dos problemas humanos, aborda aqui vários aspectos de vital importância, tais como senso de valores, amor, felicidade, jogo de opostos, o ponto de vista dos outros, juventude, beleza e arte, vida e morte, o homem e o Universo, dentre outros.

Fone:61 3344.3101